Eduard Castle

Die Isolierten, Varietäten eines litterarischen Typus

Eduard Castle

Die Isolierten, Varietäten eines litterarischen Typus

ISBN/EAN: 9783743611092

Hergestellt in Europa, USA, Kanada, Australien, Japan

Cover: Foto ©Thomas Meinert / pixelio.de

Manufactured and distributed by brebook publishing software (www.brebook.com)

Eduard Castle

Die Isolierten, Varietäten eines litterarischen Typus

I.
Urica und Eduard.

Als Scherer das zwölfte Kapitel seiner „Geschichte der deutschen Litteratur" mit dem Jahr 1805 abschlofs, da konnte und mochte er, der vielleicht überhaupt als erster auf diesem Gebiet über Abgrenzung und Benennung der Perioden im Sinne von Epochen des gesamten nationalen Lebens nachgedacht hat, auch für diesen Einschnitt mancherlei vorbringen: Das Absterben der alten Schriftstellergeneration mit Gleim, Klopstock, Herder, Kant und Schiller, daneben den Aufmarsch einer neuen unter der Ägide der Brüder Schlegel und ganz zuletzt — scheinbar doch nur aufdämmernd — die Ahnung, welche universalhistorische Epoche in den Friedensschlüssen von Tilsit gelegen ist. Mit dem Hinweis: „Goethes Gestalt bleibt im Zentrum" war auch das von ihm selbst ausgesprochene Gesetz erfüllt, dafs die Einschnitte in der Darstellung zugleich scharf hervorgehoben und anderseits doch wieder verwischt werden sollen, wie es Leben und Geschichte fordern. Es scheint nur weitere Befolgung dieses Gesetzes, wenn Scherer fortfährt: „Goethes Gestalt . . ., wie sie seit dem Revolutionsjahr 1773 alles überragte", und wenn die neuen Ten-

---

Die vorliegende Arbeit ist aus der Schule Minors hervorgegangen unter Einwirkung der Anschauungen Ste-Beuves und in Kenntnis der Ausführungen von Georg Brandes. — In Einzelheiten bin ich zu Dank verpflichtet den Herren Prof. Dr. J. Minor, Dr. R. F. Arnold, Dr. M. Holzmann, A. L. Jellinek.

denzen, die Liebe zur deutschen Vergangenheit, Patriotismus und Mittelalter, die Schlagworte der Romantik, an Goethes Jugend ungezwungen angeknüpft werden. — Willig nachprüfend und ohne vorschnell zu tadeln, wie er es verlangt hat, wächst unser Erstaunen über den Scharfsinnigen, der einen Terminus, welcher sich ihm solchermafsen selber aufdrängt, an anderem Orte fahren läfst, aus Rücksicht auf die Regierungszeit eines Mannes, der Deutschlands Dichtern wohl in den fünfziger Jahren des 18. Jh. einen Helden bot, in den Sechzigern ihre Hoffnungen enttäuschte und in den Siebzigern nur mehr bewies, wieweit er hinter der geistigen Entwicklung seiner Zeit- und Volksgenossen zurückgeblieben war. Sicher haben Friedrichs des Grofsen Anfänge mächtig auf das deutsche Geistesleben eingewirkt, schon durch den äufseren Umstand, dafs die philosophische Aufklärung, welche seit dem Anfang des Jahrhunderts Spanne um Spanne an Raum gewinnt, mit ihm auf den Thron kommt. Aber auf Voltaire folgt Rousseau, in Paris wie in Preufsen, und der deutsche Rousseau ist Herder, und die deutsche Revolution beginnt mit dem kleinen, dünnen, schlechtgedruckten, anonymen Büchlein „Von deutscher Art und Kunst, einige fliegende Blätter" — an sie knüpft die Romantik an, an Herder, an Rousseau.

Ganz ähnlich gliedert sich die Geschichte der französischen Litteratur. Am 10. November 1799 erklärte Napoleon: „Die Revolution ist abgeschlossen"; am Ostersonntag (18. April) 1802 ward das Konkordat publiziert, durch welches Frankreich wieder in die Zahl der christlichen Staaten eintrat; am selben Tage zeigte Fontanes im Moniteur den „Genius des Christentums" von Chateaubriand an, und um Chateaubriand gruppieren sich Ballanche, Bonald, de Maistre und wie sie alle heifsen, die Häupter der Restaurationslitteratur. Und für sie alle mufs Rousseau als Stichblatt herhalten, immer und immer wieder wird er widerlegt, verhöhnt, vernichtet, und immer wieder steht er auf, bezaubernd, bethörend, triumphierend: es ist mit ihm nicht fertig zu werden ... Rousseau, nicht Goethe steht an der Wende der Jahrhunderte: gewaltsam, doktrinär, ohne Sinn für den Begriff organischer Entwicklung — ein rechtes Kind des 18. Jahrh., empfindsam, liberal, demokratisch und damit vorweisend aufs 19., vor allem aber individualistisch, der Einzige, der seine Sache auf nichts stellt, und als Einziger den Kampf gegen die Gesellschaft eröffnet, von ihr und seinem Argwohn verfolgt, vor ihr und seinen Gönnern flüchtend, verlassen und einsam stirbt, zeitlebens ein träumerischer Promeneur solitaire.

Diese Einsamkeit — man hat sie kennen gelernt, kennen und lieben, sowohl in Deutschland, wo sie Werthers Herz wie das seines Urbildes untergräbt, als auch in Frankreich, freilich nicht in dem Lafontaines und Voltaires. Wenn die von einer Melancholie des Herzens als düsterem Vergnügen[1]) oder von einem leidenschaftlichen Hang nach Einsamkeit[2]) sprechen, machen sie sich damit nur doppelt lebens- und liebenswürdig. Aber in der traurigen Epoche, welche die folgende Generation erlebt hat, „ist die Jugend in ihrer Blüte

---

[1]) La Fontaine, Volupté:
  J'aime le jeu, l'amour, les livres, la musique,
  La ville et la campagne, enfin tout: il n'est rien
    Qui ne me soit souverain bien,
  Jusqu'au sombre plaisir d'un coeur mélancolique.

[2]) Voltaire, Cinquième discours en vers sur l'Homme:
  Dieu des êtres pensants, Dieu des coeurs fortunés,
  Conservez les désirs que vous m'avez donnés,
  Ce goût de l'amitié, cette ardeur pour l'étude,
  Cet amour des beaux-arts et de la solitude:
  Voilà mes passions ...

geknickt worden: die schwersten Kümmernisse, Empörung, Furcht vor der Zukunft, der Hafs selbst, wenn sie ihn auch nur gegen das Verbrechen hegte, haben zeitig ihr Herz vertrocknet und ihre schimmernden Einbildungen geblendet. Diejenigen, deren Jugend die Schreckensherrschaft gesehen hat, haben niemals mehr die freie Heiterkeit ihrer Väter kennen gelernt und bis zum Grabe die Melancholie behalten, welche vorzeitig ihre Seelen verwundete."[1])

Das sind die Obermanns und die Renés, die Gesättigten, ehe sie gekostet, die Blasierten, ehe sie genossen haben, die geistigen Arbeiter ohne Arbeitsfeld, oder die Unglücklichen ohne Grund, "Existenzen, welche die Vorsehung anzuklagen scheinen und von der Idee, leben zu müssen, heilen könnten," die sich darum in die Einsamkeit der Hochalpenwelt oder der Steppen Amerikas zurückziehen: denn nur dort können sie sinnen und sich hingeben, tief ohne Witz, grofs ohne Begeisterung, energisch ohne Willen, nur dort träumen, ohne zu überlegen, oder in ihrer Vorstellung feurige Umarmungen austauschen, bis, Wollust und Tod vereinigend, das einstürzende Himmelsgewölbe sie begräbt, da sie trotzig noch schreien, dafs doch das höchste Wesen sie so geschaffen habe, wie sie nun einmal sind, und sie nun auch verstehen müsse. Ein quietistischer Stoicismus oder Energie bis zum Selbstmord ist das allgemeine Ende.

Gegen diese destruktive Richtung hat sich die eigentliche Restaurationsschule erhoben. Da zeugte der Verfasser des "Genius des Christentums" gegen seinen René, da erstanden die Bonalds und die de Maistres, da ward das religiöse Gefühl wieder in seine Rechte gesetzt, der historische Sinn geweckt, die Familie als Grundlage der Gesellschaft,

---

[1]) A. Bardoux, La duchesse de Duras. (Paris 1898.) p. 54.

mit ihren ehernen, alle und alles bezwingenden Gesetzen als philosophischer Endzweck der Menschheit wieder hergestellt. „Vae soli!" rief Lamennais aus und verkündete den Tod der individuellen Vernunft, die sich von der Gesellschaft trennt. Doch diese Gesellschaft umfaſst ja nicht alle, will ja nicht alle in ihren Schoſs aufnehmen; sie schlieſst einzelne von ihren Genüssen aus, sie hat ihre Überflüssigen und ihre Verstoſsenen — was ist es mit ihnen? Indem er diese Frage aufwirft, schafft sich der grübelnde Verstand des doch nur in seinem äuſseren Bestande, nicht in seiner alten Sinnesart wiederhergestellten Geschlechtes ein neues peinliches Problem, das seine Melancholie nährt, mit dem es sich abquälen, an dem es sich abhärmen, aus dem es Resignation schöpfen kann.

Der Typus des Isolierten — wie ich ihn in Übereinstimmung mit einem seiner litterarischen Hauptvertreter nennen möchte[1]) — beherrscht zwar nicht die Litteratur, aber von 1811 bis 1832 taucht er sporadisch immer wieder auf, steht eine Zeitlang im Vordergrund des allgemeinen Interesses und ist für die Erkenntnis geschichtlicher Zusammenhänge von unleugbarer Bedeutung: mit ihm lenkt die Litteratur des 19. Jahrh. nach der kurzen Reaktion des sozialen Gedankens der mittelalterlichen Gesellschaft in ihre neuzeitlich-individualistische Bahn wieder ein und kehrt über das Zwischenstadium der manie d'être zu ihrer alten Klage — dem malheur d'être — zurück;[2]) sein revolutionärer Gehalt wirkt mit an der materiellen Auflösung des Autoritätsprinzips in Kunst und Leben, und so vollzieht sich in ihm

---

[1]) Ebenda p. 362.
[2]) Vgl. Calderon, Das Leben ein Traum, I, 1: „Denn des Menschen gröſste Sünde ist, daſs er geboren ward."

und durch ihn einer der Übergänge von der Restauration zur Romantik.

Etwas äufserlich in der Motivierung und noch ganz im konservativen Geist hat der Graf Xavier de Maistre, der Bruder des Staatsphilosophen, in seiner kleinen Dialognovelle „Le Lépreux de la Cité d'Aoste" (1811) das Problem angefafst. Die rührende Geschichte — natürlich keine klinische Studie im Sinne des modernen Naturalismus: das Krankheitsbild ist völlig unrichtig wiedergegeben — bestätigt die früher aufgestellte Entwicklung des neuen aus dem Renétypus; ihr eigentliches Interesse liegt geradezu in der Konfrontation zweier Renés. Der eine, nur skizziert, steht im thätigen Leben; es ist der Offizier, den während des italienischen Feldzuges von 1797 Zufall oder Neugier durch die offene Pforte in den Garten des Aussätzigen führt; auch ihn läfst eine milde, nachdenkliche Sinnesart sich oft von dieser Welt abwenden, der er sein Glück nicht verdankt, die sein Sehnen und seine Wünsche nicht befriedigt, und die Einsamkeit aufsuchen: da klammert er sich an die Felsen, bettet sich unter den Dom des Waldes und fühlt, dafs die Hand der Natur eine Freundeshand ist, die Gott auf die Wunden des Sterblichen legt; aber eine ewige Einsamkeit erfüllt ihn mit Schauder; kaum, dafs er sie sich vorzustellen vermag.

Weit tiefer erfafst und reicher ausgestaltet ist der andere: durch die furchtbare Krankheit seiner Familie beraubt, von dem Glück eines abwechslungsreichen geselligen Lebens ausgeschlossen, ist er ganz auf sich selbst angewiesen: aber er hat den Frieden in seiner Zelle gefunden, Arbeit versüfst ihm das Gefühl der Einsamkeit, im gröfsten Elend geniefst er eine Freude, welche die Masse der Menschen nicht kennt — zu leben, zu atmen. Freilich hat sich seine Feuerseele nicht gleich geduldig in sein Schicksal gefügt, noch immer gehen seine Tage unter beständigen Kämpfen dahin, gaukelt ihm seine Unkenntnis ein Wundergemälde des Lebens dieser Welt vor: voll Freundschaft, Liebe, Gesundheit, Jugend, Reichtum, unter kühlerem Schatten, unter einer leuchtenderen Sonne. So oft der Frühling erwacht, fühlt er eine lebendige Wärme sich durchglühen, durchrieselt's ihn wie ein Morgentraum: dann stiehlt er sich aus seiner Zelle auf die Höhe des Berges, seufzend streckt er seine Arme Aosta entgegen und fordert seinen Anteil am allgemeinen Glückserbe; er umschlingt die Bäume des Waldes und fleht zu Gott, er möge sie ihm zu Liebe beleben, ihm einen Freund schenken; aber die Bäume bleiben stumm, ihre kalte Rinde stöfst ihn ab, sie teilt keine Regung seiner pochenden, glühenden Brust: todmüde, lebenssatt schleppt er sich in seinen Schlupfwinkel zurück. Dann kommen die qualvollen, schlaflosen Nächte mit ihren Schreckensbildern, vielleicht nur Fieberphantasien, vielleicht schon Anfänge des Wahnsinns. Keines Menschen Hand hat noch die seine gedrückt, selbst nicht die seiner Schwester. Denn die Sorge, sie zu bekümmern, die Furcht, ihr eigenes Leid zu vermehren, hält ihn ab, mit ihr anders als durch eine Hecke getrennt zu verkehren, sie anzusehen, ihr nahe zu sein; dafür umschwebt sie ihn als guter Engel: sie verschönert ihm sein Dasein, ihr Gebet erleichtert ihm seine Qualen, ja schon tot — da man ihm das letzte lebende Wesen seines Umgangs, ein kleines häfsliches Hündchen, vor seinen Augen steinigt; da er Ströme der Seligkeit ausgegossen sieht über alles, was da atmet, nur über sich nicht, nur sich ohne Hilfe, ohne Freund, ohne Gefährten, und so verzweifelnd den Entschlufs fafst, seinen Turm in Brand zu stecken und sich mit allem, was an ihn erinnern könnte, den Flammen preiszugeben — selbst da noch rettet sie ihn: ihr letztes Wort, ihr Kreuz, ihre Bibel reinigen ihn von allen sündhaften Gedanken; er erhebt seine Augen gen Himmel, und das Firmament glänzt heiterer, schöner; heller leuchten die Sterne: Erquickung zieht in die Seele des Aussätzigen, da sie auch in seine Zelle strahlen. Jetzt ist er still und gefaſst. „Warum mich neuen Träumen hingeben?" sagt er, da ihm der Offizier einen Briefwechsel anbietet; „ich darf keine Gesellschaft haben als mich, keinen anderen Freund als Gott — dort oben werden wir uns wiedersehen." Es ist die Resignation von Chamissos Einsiedler auf „Salas y Gomez":

„Es hat der Sturm im Herzen ausgetobt,
Und hier, wo ich gelitten und gerungen,
Hier hab' ich auszuatmen auch gelobt.
Laſs Herr, durch den ich selber mich bezwungen,
Nicht Schiff und Menschen diesen Stein erreichen,
Bevor mein letzter Klagelaut verklungen.
Laſs klanglos mich und friedsam hier erbleichen —
Laſs weltverlassen sterben mich allein,
Und nur auf deine Gnade noch vertrauen;
Von deinem Himmel wird auf mein Gebein
Das Sternbild deines Kreuzes niederschauen."[1]

Die Einwirkung des René ist unverkennbar: nur daſs keine blutschänderische Liebe das Verhältnis zwischen Bruder und Schwester entstellt, sondern die zartesten, keuschesten Bande und ihr Unglück die beiden aneinander ketten; nur daſs nicht der heiſse, austrocknende Sturm der Sinnlichkeit, sondern der milde Geist der „Nachfolge Christi" diese Blätter durchweht; aber wieder echter René ist der Aufschrei, der das Ganze — neidisch, sehnend, brünstig, tobend, schmerzlich, entsagend — durchzittert, durchbraust: „O daſs ich doch nur einem andern mitteilen könnte, was ich leide!"

---

[1] Über die Frage, ob Chamisso den „Aussätzigen" gekannt hat, wie es mir wahrscheinlich ist, giebt Walzel (DNL 148, bes. S. CXIV) keine Auskunft.

Ich habe vorhin die Motivierung der Geschichte eine äufserliche genannt, weil sie den problematischen Konflikt aus einem zufälligen, äufseren Zustand, einer Krankheit, wenn auch einer unheilbaren, hervorgehen läfst. Das Motiv bis zu seiner höchsten Vollendung verfeinert zu haben, ist die litterarische Leistung der Herzogin von Duras. Die Gemahlin des premier gentilhomme de la chambre, Feldmarschalls und Pairs von Frankreich, selbst nicht ohne politischen und als Mittelpunkt eines auserlesenen Kreises[1]) von dem gröfsten gesellschaftlichen Einflufs, erschöpft in ihren belletristischen Produktionen das Thema der gesellschaftlich Isolierten! Wie war sie dazu gekommen? Welches Interesse nahm sie an ihnen?

Der Name der edlen Dame ist heute aus den französischen Litteraturgeschichten verschwunden. Um ihr persönliches Empfinden verstehen zu lernen, genügt aber vollkommen, was uns sonst über sie Nachricht giebt: ein paar vielverschweigende Andeutungen in Chateaubriands Mémoires d'outre-tombe, ein warmer und an Mitteilungen reicher Versuch von Ste-Beuve,[2]) eine wertvolle Studie aus jüngster Zeit von Agenor Bardoux, die alle zusammengenommen deutlich erkennen lassen, dafs die Herzogin selbst eine Isolierte war, doppelt isoliert in der Zeit, da sie zu schreiben begann.

---
[1]) Barante, Chateaubriand, Cuvier, W. Humboldt, Molé, Montmorency, Villèle, Villemain, A. Rémusat, Talleyrand.
[2]) C. A. Sainte-Beuve, Portraits de femmes. Nouv. éd. (Paris 1852) p. 61/73 (geschrieben im Juni 1834); Fragmente aus Briefen an Mme Swetchine (1818) und Herrn von Marcellus (24. Mai 1822) bei demselben, Chateaubriand et son groupe littéraire sous l'empire. 2 vol. (Paris 1861) II, 407; Erwähnungen in den Lettres de Sismondi écrites pendant les Cent-Jours. Revue historique t. III (1877), p. 95, 98, 324, 328, 344; t. IV, p. 147; Chateaubriand, Mémoires d'outre-tombe (Paris 1849) t. VI, p. 332 ff., 394 sq.; t. VII, p. 425. Vgl. De Lescure, Chateaubriand (Paris 1892), p. 97/98; Lady Blennerhassett, Frau von Staël. Ihre Freunde und ihre Bedeutung in Politik und Litteratur. (Berlin 1887/89) III, 440 ff.

Brest ist ihre Vaterstadt und einer der verwendbarsten Flottenkommandanten des ancien régime ihr Vater. Mit der Geschichte der englischen Revolution bekannt, mit der Konstitution der Vereinigten Staaten, deren Sternenbanner er als erster im Namen der französischen Marine begrüfst hat, vertraut, von den Tagesfragen ganz erfüllt, tritt Graf Guy de Kersaint ins politische Leben, erst als Konstitutioneller, bald aber Girondist in Verbindung mit Vergniaux. Gegenüber dem Königtum den John Hampden spielend, schreckt er vor den Jakobinern und den Septembermorden zurück: auf Gesetze und nicht auf Blut hatte er die neue vollkommene Gesellschaft im Sinne Rousseaus und Mablys gründen wollen. Nach der Verurteilung Ludwigs XVI., zu dessen Gunsten er eingetreten war, legt er sein Mandat nieder, nicht ohne nochmals Marat und seinem Anhang kühn die Stirne zu bieten. Ihrem Groll fällt er zum Opfer, da seine Freunde ihn zum Marineminister machen wollen (5. Dezember 1793).

Die Gesinnung des Vaters geht auf die Tochter über; sie, die unter den reichsten und vornehmsten Mädchen im Kloster Panthémont ihre Ausbildung erhalten hat, ist stolz auf seine Haltung im Konvent. Bei dem Tode des Grafen kaum 17 Jahre alt und ganz auf sich angewiesen, ohne Stütze an einer wenig bedeutenden Mutter, tritt sie mit der bewunderungswürdigsten Entschlossenheit auf; um die Güter ihrer Mutter auf Martinique zu retten, schifft sie sich nach Amerika ein, wo auch ihre Pensionatsfreundin, die ebenso schöne als resolute Frau von La Tour du Pin, mit ihrem Mann ein Rousseausches Landleben führt.[1]) In der Schweiz

---

[1]) Noch 1815 erzählte sie Sismondi (a. a. O. III, 327), dafs sich die angenehmste Erinnerung ihres Lebens an den Tag knüpfe, an dem sie ihren fünf Negern die Freiheit gab. „Als diese hörten, Frau von La Tour habe die Farm verkauft, fingen sie zu weinen an und sagten ihr, dafs sie eine gute Herrin verloren hätten, und dafs sie nur bäten, wenigstens

und in London lernt sie andere Emigrantenkreise kennen und schärft an ihnen ihre Beobachtungsgabe. Mit ihrem klaren Verstand hatte sie bald herausgefunden „ce qui paraissait le plus manquer à cette société — c'était la raison".[1]) Ihr selber blieben Not und Elend erspart, da sie ein Verwandter aus den Kolonien zur Erbin eingesetzt hatte. Möglicherweise war diese verhältnismäfsig glänzende und damals selten gewordene Lage mitbestimmend für den Entschlufs des Herzogs Amadeus de Durfort-Duras, die Komtesse zu heiraten. Den jungen Kammerherrn aus einem der angesehensten Häuser Frankreichs hatte der Hof in geheimer Mission nach Wien gesandt, wo ihn der Befehl traf, nicht mehr nach Paris zurückzukehren. Erst 1808 betrat er wieder den heimatlichen Boden, treuergeben der königlichen Familie und trotz der Ernennung zum Kammerherrn an das Kaisertum nicht gefesselt. Nur zwei Züge werden uns von ihm überliefert, aber sie charakterisieren den ganzen Mann. Im Jahre 1800 war die Herzogin nach Frankreich gereist, um die Streichung ihrer Mutter von der Emigrantenliste und die Aufhebung des Sequesters über die väterlichen Güter zu betreiben; da schreibt sie ihm an ihrem Hochzeitstag:[2]) „Es ist mir ein Bedürfnis, Sie an diesem Tag an meiner Seite

wieder an einen guten Herrn verkauft zu werden. „Ich habe mich anders besonnen", sagte sie; „ich will euch nämlich frei lassen." „Frei?" antworteten sie erstaunt. „Frei?" Und sie zitterten in der Furcht, nicht recht gehört zu haben. Sie versicherte es ihnen, und dann verfielen sie aus Freude in Schmerz, sie verlieren zu müssen. Alle fünf boten sich an, ihr nach Europa zu folgen und bestanden hitzig darauf. Und sie hofft, dafs alle fünf in Amerika ihr Glück gemacht haben, „denn", sagte sie, „anders wäre es ohne Beispiel."

[1]) Bardoux p. 59; ebenso schildert sie (p. 162) lebhaft und warm den ersten Empfang nach Rückkunft des Königs, dabei wird aber nicht übersehen die unerträgliche Toilette, der häfsliche gesteppte Überrock und das garstige kleine Hütchen der Herzogin von Angoulême.

[2]) Bardoux p. 82.

zu denken und von Ihnen zu sprechen, da ich Sie nicht an mein Herz drücken, Ihnen nicht sagen kann, dafs ich tausendmal den beglückenden Augenblick gesegnet habe, der mich meinem Freund zu eigen gab. Ich werde diesen Tag vollkommensten Glückes mit Ihrer Mutter verleben oder im Gebete für Dich und und unsere Kinder, Gott bitten, dafs er mich bald wieder zu Dir zurückführt und in Dir Deine Gefühle für Deine Claire wach erhält. — Verzeihen Sie mir, mein Amédée, dafs ich so vertraulich zu Ihnen spreche? Ich weifs es wohl, dafs Sie es nicht lieben; aber es ist mir Bedürfnis, es thut mir wohl, es bringt mich wieder unserem Zusammensein näher, wo ich es mir erlaubte." Der steife, förmliche Höfling und ein in jungem Glück und Leidenschaft überwallendes Herz — wie können sich die beiden späterhin mit einander abgefunden haben? Und derselbe Konflikt zwischen den politischen Standpunkten, auf den beide naturgemäfs gestellt sind: fassungslos durchschreitet, als Napoleon von Elba zurückkehrt und fast schon vor Paris steht, der Herzog von Berry die salle des gardes von oben nach unten, der Herzog von Duras von unten nach oben, und während der eine beständig wiederholt: „Ich habe es immer gesagt, dafs mein Vater und mein Oheim Tröpfe sind", ruft der andere einmal über das anderemal: „Also soweit haben uns die liberalen Ideen gebracht, also das ist die Frucht dieser schönen Charte."[1]) Sie aber braust, wenn man sie stichelt, die Tochter des Herrn von Kersaint habe allen Grund, liberal zu sein — und man hat sie damit oft genug gestichelt — stolz auf: „Ja wohl, mein armer Vater hat die Freiheit geliebt; aber er hat sie geliebt, wie sich's gehörte: er ist in der Revolution nicht zuweit gegangen,

---

[1]) Sismondi a. a. O. III, 338.

nein, er hat Ludwig XVI. beschützen wollen."¹) So isolieren sie Temperament und Gesinnung von ihrer Umgebung.

Zu einer Zeit, wo sich namentlich der erste Konflikt bereits geltend gemacht haben dürfte, lernte sie Chateaubriand kennen, sie damals 31, er 40 Jahre, beide also im kritischen Alter. Der Eindruck, den der melancholischempfindsame, in seinem Benehmen ungekünstelte, durch die Dürftigkeit seiner Lage niedergedrückte Dichter, jetzt noch mehr René als wenige Jahre später, in ihr hinterläfst, ist der denkbar tiefste. Sie ist völlig in ihn verliebt. Sich ganz dem Reiz ihres hochgespannten Gefühles hingebend, schreibt sie ihrer Freundin La Tour du Pin unumwunden, wenn sie keine anderen Pflichten hätte, würde sie nur davon träumen, Herrn von Chateaubriand zu gefallen. Gegen ihre Neigung führt sie wahre Schlachten, und sich endlich selber überwindend, bietet sie ihm ihre schwesterliche Freundschaft an und begnügt sich mit der Versicherung seiner brüderlichen Zuneigung. Seither ist er der Gegenstand ihrer uneigennützigsten Bemühungen: stärker als er spürt sie seine Drangsale in der napoleonischen Zeit; unerschöpflich an immer neuen Plänen, seine Finanzen zu ordnen, setzt sie alle Verwandten und Freunde für ihn in Kontribution, wie sie auch selbst vor keinem Opfer zurückscheut. Die Restauration erfolgt, und sein Ehrgeiz, im politischen Leben eine Rolle zu spielen, erwacht: da vermittelt ihm wieder ihre Fürsprache bei Blacas die Gesandtschaft in Schweden und während der hundert Tage den Ruf nach Gent; niemand zollt seiner Monarchie selon la Charte, deren Postscriptum ihm die Ungnade zuzieht, so dafs „man beim Déjeuner des Königs nicht von ihr zu sprechen wagt,"²) aufrichtigere Bewunderung;

---
¹) Ste-Beuve, Portraits p. 73.
²) Bardoux p. 196.

niemand nimmt an den neuen Verfolgungen und Zurücksetzungen, die er zu bestehen hat, lebhafteren Anteil. Mit Freude erfüllen sie die Wahlen von 1820, die ihrem Freunde endlich freie Bahn schaffen. Gerade damals aber hat aus seinem Herzen Frau von Récamier sie verdrängt. Wohl gehen Briefe noch lange hin und wider, doch nicht mehr das zarte Gefühl der Freundschaft, nur die Rücksicht auf ihren politischen Kredit diktieren sie ihm. Sie ist verraten; bald genug muſs sie es erfahren. Und nun beginnt ein verzweifelter Kampf um den geliebten Mann. Eifersuchtsbrief folgt auf Eifersuchtsbrief. Erst macht sie ihn lächerlich: „Ihre Thorheiten erscheinen mir nicht mehr recht an der Zeit; Sie sind alt genug, um endlich klug zu sein."[1]) Dann sucht sie ihn zu rühren: „Wissen Sie, was Freundschaft ist? Einen langen Vormittag zuzubringen, ohne daſs der Freund kommt, dem man sein Herz auszuschütten gewohnt ist, dem man erzählt, und von dem man hört all das Elend, welches das Leben erfüllt. Ich habe alle meine Uhren stehen gemacht, um nicht mehr die Stunden schlagen zu hören, wo Sie nicht kommen." Dann weint sie wie ein Kind, um sich darauf zu sagen: Du bist es — bist ein Kind. Aber sie kann ihn nicht entbehren, darf ihn nicht verlieren — und da er ungerührt und kalt bleibt, betrügt sie sich gerne selbst mit der reinsten Sophistik der Liebe: „Tout ce qui vous aime, n'est-il pas quelque chose pour moi?" Resigniert schlieſst sie einen Waffenstillstand mit ihm ab (14. Mai 1822²): „Um damit ein Ende zu machen, Sie sind die Person, die ich nun einmal auf der Welt am meisten liebe. Ihr Geist, Ihr Herz, alles an Ihnen gefällt mir ... Ich bin in meinem Leben sehr unglücklich und gequält gewesen. Mein Herz

---

[1]) Ebenda p. 284.
[2]) Ebenda p. 282, 313, 316.

hat viel gelitten und ist davon krank geblieben; und wenn man es nicht ab und zu sanft ein bischen einwiegt, brechen alle seine alten Wunden von neuem auf. Denken Sie daran, mir manchmal zu sagen, dafs ich Ihre älteste Freundin bin, dafs ich Sie verstehe; das wird mich noch einige Jahre in Gang erhalten, wie jene Maschinen, die man von Zeit zu Zeit in neuen Schwung versetzen mufs, ohne den sie stehen blieben." Aber im Grund genommen weifs sie ganz gut, dafs dies pochende, liebebedürftige Herz nun nichts mehr auf der Welt hat, woran es sich anklammern könnte, dafs sie nun völlig isoliert dasteht.

Während dieser Kämpfe hat die Herzogin, um ihn von ihren Briefen zu befreien,[1]) ihre Romane zu schreiben begonnen: „Urica" war ihr erster, der „Eduard" ihr zweiter.

In dem Hause der Marschallin von B(eauvau), einer der liebenswürdigsten Damen ihrer Zeit, die mit den erhabensten Eigenschaften die rührendste Güte zu vereinen wufste, wird seit ihrem zweiten Lebensjahr eine junge Negerin Ourica aufgezogen, welche der Neffe der Marschallin, der Chevalier von B(oufflers[2]), seinerzeit Gouverneur in Senegal, gekauft hatte — aus Mitleid mit dem hilflosen Geschöpfchen, dem man die Mutter umgebracht, und das nun rohe Hände auf ein Sklavenschiff schafften. Sie lebt hier inmitten des gröfsten Aufwandes, im Umgang mit den geistreichsten und schätzenswertesten Männern, ein Gegenstand steter Sorgfalt und Aus-

---

[1]) Ebenda p. 282.

[2]) Stanislas de Boufflers (1738—1815), Malteser und Husarenoberst, Reiseschriftsteller und Dichter, war 1785—88 Gouverneur von Senegal und Gorée, wo er Zuckerplantagen anlegte, „um so unter der Negerbevölkerung die freiwillige Kultur des Produktes herbeizuführen, dessen erzwungene Hervorbringung die Ursache aller Qualen der armen Schwarzen war." (Blennerhassett a. a. O. I, 230.) Von seinen Akademiereden gilt die auf den Marschall von Beauvau (1805) als die gelungenste.

zeichnung. Um ihre Ausbildung bemühen sich die geschicktesten Meister, und die Marschallin selbst giebt ihrer Erziehung die Vollendung; keine Gelegenheit wird versäumt, bei der man ihre Talente glänzen lassen kann, und so erhält ihr Geist eine Richtung, wo der Geschmack aus Gewohnheit notwendig wird und alles gering geschätzt, was ihn entbehrt. Da kommt ihr, die gerade vor ein paar Tagen neue Triumphe in der Gesellschaft gefeiert hat und ihrer selbst sicherer geworden ist denn je, unbeabsichtigt ein Gespräch zu Gehör: man redet von ihrer Zukunft, allein, verlassen stehen zu müssen für ihr ganzes Leben; denn wer würde je eine Schwarze heiraten wollen? oder wenn sich schon einer gegen Geld dazu verstünde, schwarze Kinder zu bekommen, könnte es ein anderer als ein gemeiner Mensch sein? und könnte sie nach ihrer Erziehung mit dem je glücklich werden? „Sie kann nur solche haben wollen," warnt die Marquise, „welche ihrer nicht begehren; sie hat sich ohne Erlaubnis in die Gesellschaft gedrängt, die Gesellschaft wird sich an ihr rächen." — Damit ist Uricas Gedanken eine neue Welt erschlossen, die sie jedoch vor allen anderen sorgfältigst verborgen hält. Namentlich quält sie, daſs die, welche sie liebt, ihrer nicht bedürften, während doch sie beständig etwas braucht, was sie lieben kann. Sie hat einen Augenblick die Idee, die Marschallin zu bitten, sie in ihr Vaterland zurückzuschicken; allein wer würde dort sie gehört, wer dort sie verstanden haben? Sie ist überall allein, nirgend eignet sie jemandem, sie ist ein Fremdling für das ganze menschliche Geschlecht. Diesem Kummer giebt sie sich ganz hin und wieder ganz allein. Weder ihrem Beichtvater, noch ihrer zweiten Mutter, noch ihrem Jugendgespielen Karl, deren Enkel, vertraut sie sich an: jenem brauchte sie ja nur ihre Sünden zu gestehen; diese gab ihr keine Gelegenheit, ihr Herz auszuschütten, und Karln fürchtete sie ein Gegenstand des Spottes zu werden. — Solange die Revolution die ausgezeichnetesten Männer in Atem hält, jeden Tag aufs neue über Fragen zu verhandeln, die man bis dahin als entschieden betrachtet hat, wiegt auch sie sich noch immer in der Hoffnung, in dem allgemeinen Umsturz ihren Platz finden zu können: nur zu bald stofsen sie die Zänkereien und Gewaltthaten ab, durchschaut sie alle, die so anmafsend, heuchlerisch oder furchtsam auftreten, und erkennt, dafs inmitten so vieler Widerwärtigkeiten für sie noch genug der Verachtung übrig geblieben. — Die abolitionistische Bewegung ist ein neuer Traum und führt zu neuer Enttäuschung: bisher hat es sie blofs gekränkt, einer geächteten Menschenklasse anzugehören; jetzt, nach den Metzeleien auf S. Domingo, schämt sie sich der Verwandtschaft mit einer Rasse von Barbaren und Mördern. — Der weitere Fortgang der Revolution zersprengt den Kreis der Marschallin von Beauvau: bald sind die beiden Frauen ganz vereinsamt, dem äufsersten Schmerz über die Greuelthaten, die sich vor ihren Augen abspielen, und der drohendsten Gefahr preisgegeben, welche nur die Dankbarkeit einiger zu Einflufs gelangter Freunde des Hauses abwendet. Das ist in Uricas Leben die glücklichste Zeit: ihr eigener Kummer tritt zurück vor den grofsen Mifsgeschicken der Gegenwart, vor dem allgemeinen Leid, vor der Seelengröfse ihrer Beschützerin, der sie sich näherzubringen sucht, um wenigstens ebensoviel zu leiden wie sie, und das Gefühl der Isoliertheit verliert an Bitterkeit in dem Bewufstsein, durch das Bedürfnis nach Gerechtigkeit mit allen grofsen Seelen verknüpft zu sein. Sie entfernt jetzt alle Spiegel aus ihrem Zimmer, trägt beständig Handschuhe, verbirgt ihren Nacken und ihre Arme und benützt beim Ausgehen einen grofsen Hut mit einem Schleier, den sie oft auch zu Hause nicht ablegt: so betrügt sie sich selbst, verschliefst ihre Augen wie die Kinder in dem Glauben, dann nicht gesehen zu werden. Aber die Gesellschaft, welche sich nach dem Ende der Schreckenszeit um die Marschallin wieder versammelt, läfst sie nicht lange die Augen verschlossen halten: man staunt, man fragt, man zischelt, wie eine Negerin in diesen auserlesenen Kreis komme, und Urica steht unterdessen Marterqualen aus. Nur in eines Einzigen, in Karls Herzen, findet sie jetzt Trost; seine Grofsmutter hatte ihn noch vor dem Tode des Königs zurückgerufen, damit er nicht seine Güter verlöre; und von Jugend auf an Urica gewöhnt, während der Schreckensherrschaft auf den Umgang mit ihr beschränkt, schenkt er ihr sein vollstes Zutrauen, enthüllt ihr alle seine Entwürfe und Hoffnungen, wohl wissend, dafs, wenn er mit ihr von sich selbst spricht, dies so gut ist, als wenn er mit ihr von ihr selbst spräche, und dafs sie mehr er ist als er selbst. Stolz auf seine Freundschaft, ist sie es noch mehr auf seine Vorzüge; ihn glücklich zu wissen, ihm auch den geringsten Kummer zu ersparen, ist sie für ihn — wie sie meint — mit einer mehr mütterlichen denn schwesterlichen Liebe bedacht. So wird sie gern auch die Vertraute seines Herzens, seiner Braut Anaïs. Aber schon fühlt sie den ersten Stachel, da sie seinen Wunsch hört, zwischen seiner Verlobten und ihm solle ein Zutrauen herrschen wie das ihrige, wo doch gerade sie ängstlich ihr einziges Geheimnis vor ihm verhehlt hat; und als er ihr vorschwärmt: „Was that ich, o Gott, um ein solches Glück zu verdienen?" da wird ihr mit einem Mal klar, wie er nur zum Glück geboren, sie aber von dem Schöpfer verurteilt worden, allein zu leben, immer allein, nimmer geliebt, und sie bricht kraftlos zusammen. In seinen Armen bringt sie Karl nach Haus. Doch welch neue Qualen! Er läfst sich von ihren Ausflüchten täuschen, er reist ohne Unruhe ab. Ein heftiges Fieber bringt sie an den Rand des Grabes, und da verläfst sie auch noch ihre gütige Pflegerin, die Frau von Beauvau, um Karls Hochzeit beizuwohnen; zum erstenmal ist sie völlig allein, ja noch mehr: völlig überflüssig; sterben ist ihr fester Wille, hinsterben wie ein fallendes Herbstblatt ihr Gebet; aber sie genest — zu langem Siechtum. Alle stellen sich jetzt wieder bei ihr ein: die Marschallin, Karl, Anaïs; doch ihre Freundschaft scheint Urica so wenig der vergangenen zu gleichen, als die künstliche Blume der natürlichen gleicht: sie ist dieselbe, nur ohne Duft, ohne Leben. Das Familienglück ihres Freundes erhöht blofs ihre Traurigkeit: sie zieht sich von der Gesellschaft ganz zurück; giebt es auf, ihre Talente zu pflegen; liest nur Bücher, die ihr Leid zu verstärken vermögen — und als Karln, um sein Glück vollzumachen, ein Sohn geboren wird, da erfafst sie geradezu Neid, dafs nur sie verdammt sein solle, nie eheliches, nie mütterliches Glück zu geniefsen. Warum liefs man sie nicht ihrem Schicksal folgen? was hatte sie denen gethan, die sie zu retten glaubten, indem sie sie in dieses Land der Verbannung führten? „O mein Gott," fleht sie, „nimm mich von dieser Welt; ich fühle, dafs ich das Leben nicht mehr ertragen kann." Da öffnet sich ihre Thüre, und die Marquise tritt ein, welche einst das verhängnisvolle Gespräch mit der Marschallin geführt hat. Sie predigt Urica in ihrer trocken-aufrichtigen Weise Vernunft; aber nur bittere Worte fliegen herüber und hinüber, bis endlich die Marquise auffährt: „Ja, ich will es Ihnen sagen, Urica, all Ihr Gram, all Ihre Schmerzen rühren nur von einer unglücklichen Leidenschaft her, einer thörichten Leidenschaft, und wenn Sie nicht in Karl auf eine tolle Weise verliebt wären, würden Sie sich wohl darein zu finden wissen, eine Negerin geworden zu sein" — und damit verläfst sie zornig Uricas Zimmer. Der aber fällt's wie Schuppen von den Augen: dieses Verlangen, einen Platz in der Kette der Wesen einzunehmen, dieses Bedürfnis nach den Banden der Natur, dieser Schmerz des Alleinseins war wirklich nur der Gram einer frevelhaften Liebe gewesen. Abermals erfafst sie das Fieber, abermals ringt sie mit dem Tode, abermals genest sie, von Karl und der Marschallin mit der alten Liebe gepflegt. Ihr erstes ist nun zu beichten, nicht mehr jenem heiligen, nicht sehr argwöhnischen Greis — der war dieser Tage gestorben —, sondern einem Priester, der gleich einem alten Steuermann alle Stürme kennt. Er erschrickt nicht über den Zustand ihrer Seele; „aber," sagt er, „was haben Sie mit dem Glück gethan, das Gott in aller Hände legte: dem Glück, unsere Pflichten zu erfüllen?" Und nun begreift sie, dafs solche Pflichten in gleicher Weise den Einsamen auferlegt sind wie den Menschen, welche in der grofsen Welt leben: diesen die Familie, jenen die ganze Menschheit. So entschliefst sie sich, Nonne zu werden. Die Marschallin betrübt sich zwar darüber, glaubt aber, kein Recht zu haben, sich Uricas Willen zu widersetzen. Karl bittet, beschwört sie, zu bleiben; sie aber sagt: „Lafs mich, Karl, an den einzigen Ort gehen, wo es mir erlaubt ist, beständig an Dich zu denken..." Wie es sich fürderhin damit verhält, ist nicht auszumachen: Urica versichert nur, endlich Glück und Beruhigung gefunden zu haben. Aber ihre schwache Gesundheit hält nicht mehr stand: wie sie es gewünscht, fällt sie mit den letzten Blättern des Herbstes.

„C'est une Atala de salon!" urteilte Ludwig XVIII. über die Novelle. Aber wie so manches königliche Wort in Kunstsachen ist leider auch dieses nicht richtig. Nur bezüglich des Verhältnisses zwischen Urica und Karl trifft es einigermafsen zu. Chateaubriand spielt gern mit der Vorstellung, dafs sich bei seinen Liebenden die geschwisterliche Freundschaft mit der reinen Herzensliebe paart: darum läfst er denselben alten Spanier Lopez, der Chactas wie einen Sohn bei sich aufgenommen hat, auch wirklich Atalas Vater sein; sucht Atala, namentlich wo sich das „Drama" entwickelt, ihre Liebe ins Geschwisterliche hinüberzuspielen, und ruft Chactas an ihrem Grabe mit Emphase aus: „Lopez, siehe deinen Sohn deine Tochter begraben!" Dabei quält den Dichter aber immer, dafs in den Ehen der Erstgeborenen der Menschheit, „diesen unaussprechlichen Verbindungen, die Schwester wirklich die Gattin des Bruders war, damals die Gattenliebe und die geschwisterliche Freundschaft im selben Herzen miteinander verschmelzen und die Reinheit der einen die Freuden der anderen vermehren durfte", während das jetzt geltende Sittengesetz solche Verbindungen verpönt: hierin liegt für ihn ein Widerspruch, über den er nicht hinauskommt, an dem er sich immer wieder stöfst, gerade, weil er ihn nicht zu lösen vermag, und vielleicht auch, weil er seine üppige Einbildung kitzelt. Mit wie ungleich reinerer und keuscherer Gesinnung hat sich die Herzogin dieses Motivs bedient! mit wieviel tieferem Seelenblick hat sie aus einem naturgemäfs und unbewufst sich entwickelnden schwesterlichen Verhältnis, über vermeintlich mütterliche Zärtlichkeit hinweg, in ihrer Heldin ein Gefühl erwachsen lassen, das diese, zu Bewufstsein gekommen, selbst als blofsen Ausflufs des rein physischen Triebes erkennen mufs. Hier haben wir eben ein Eingeständnis eigener schmerzlicher Erfahrungen vor uns, dort ein blofses Spiel einer ausschweifenden Phantasie. — Und so teilt die Urica mit der Atala scheinbar noch manches Stichwort. Aber Sätze wie: „O, Atala, du wardst geboren, zu leiden und zu dulden", oder: „Mein trauriges Geschick hat schon, noch ehe ich das Licht der Welt erblickte, begonnen", oder: „Wenn du die Stürme des Herzens fürchtest, so vertraue nicht der Einsamkeit" entspringen bei Chateaubriand den Situationen, die er uns jeweils vorführt, während sie bei der Herzogin tendenziöse Axiome, das Problem der Erzählung selbst darstellen. — Weit näher steht die Urica René und Amalien. Es ist ganz im Charakter des thatlosen Melancholikers, wenn wir hören: „Ich war nachdenkend, ehe ich denken konnte" oder: „Ich glaube, dafs es mir wohlthat, mich über einen anderen als meinen gewöhnlichen Schmerz zu grämen"; und Bemerkungen wie: „Mein Unglück ist die Geschichte meines gesamten Lebens" oder: „Alles harmonierte in seinem Schicksal, in meinem war alles Dissonanz" dienen als Schlüssel zum Verständnis des ganzen Typus. Wenn endlich der erfahrene Priester Urica zuruft: „Haben Sie Ihre Pflichten auch nur gekannt? Gott ist des Menschen Endzweck. Was war der Ihrige?" so zieht daraus wenigstens die Heldin dieselben strengen Lehren, welche bei Chateaubriand P. Souël ausspricht: „Die Einsamkeit ist demjenigen verderblich, der nicht in Gott lebt; wer Kräfte empfangen hat, mufs sie dem Dienste seiner Mitmenschen weihen", und geradezu eine Stelle aus Amaliens Abschiedsbrief könnte Uricas letztes Wort an Karl sein. Aber fundamental ist wieder der Unterschied, dafs all dies in der Urica in einem Verhältnis zu dritt zur Entwicklung kommt, dem bei Chateaubriand immer nur Verhältnisse zu zweit gegenüberstehen.

Ich brauche hier nicht des Näheren auszuführen, sondern nur daran zu erinnern, wieviel von René Byron — bis auf das delikate Verhältnis zu seiner Schwester, welches doch wohl kein anderes war als das Chateaubriands zu Lucile —

in sich aufgenommen hat[1]); wie oft und stark bei ihm, der erst spleenig-blasiert die Gesellschaft meidet und später wie ein Ausgestofsener von ihr gemieden wird, die Idee, isoliert dazustehen, zu Ausdruck gekommen; wie verwandt er in seinen hocharistokratisch-liberalen politischen Anschauungen berühren mochte, um einen Mafsstab für die Gröfse und Tiefe der Einwirkung zu geben, die von ihm auf die Herzogin ausgehen konnte und mufste, wenn anderseits auch die Idealistin sicher durch das Ätzende abgestofsen wurde, mit dem er „den Dingen den Flitter abstreifte und sie entidealisierte", und ihr weibliches Zartgefühl durch die Ungeniertheit verletzt wurde, in der er den inneren Abgrund, den sonst jeder ängstlich zudeckt, der Menge öffnet. Mit diesen Beschränkungen läfst sich wohl sagen, dafs auch Byronscher Geist die Urica erfüllt, die in der That nicht blofs eine Illustration für den Alexandriner ist, den die Herzogin unter den Titel ihrer Novelle gesetzt hat, sondern für die ganze dazugehörige Stanze aus „Childe Harolds Pilgrimage" (II 26):

„Doch in dem Drang, dem Anfall, dem Gewirre
Der Menschen fühlen, seh'n und sich bewegen,
So mattgehetzt zu zieh'n im Weltgewirre,
Schofskind des Glücks beim ersten Streich erlegen;
Nicht Segen spendend, selber ohne Segen,
Kein Herz besitzen, das auch nur zum Schein,
Sind wir dahin, möcht' sanfte Rührung hegen,
Umringt, geprefst, verfolgt von Schmeichelei'n —
Das, das heifst einsam wohl, das heifst verlassen sein!"

Auffallend tief greifen die Unterschiede zwischen der Technik der Herzogin und der Chateaubriands, ihrem Stil

---

[1] Chateaubriand, Mém. d'outre-tombe t. III, p. 320: „Lord Byron a ouvert une déplorable école: je présume qu'il a été aussi désolé des Childe-Harold auxquels il a donné naissance, que je le suis des René qui rêvent autour de moi."

und dem seinen. Die „Urica" ist Selbstbericht der jungen Negerin, blofs mit ein paar Worten einbegleitet von dem Arzt, der sie in ihrer letzten Krankheit behandelt hat: der eigentliche Verfasser bleibt völlig im Hintergrund — man wird an den ersten modernen französischen Roman der Leidenschaft erinnert, an „Manon Lescaut". Chateaubriands Art dagegen ist es, selber das Wort zu ergreifen, um Voraussetzungen darzulegen, zu erzählen, wie er zu der Geschichte gekommen; zu sagen, was er aus ihr gelernt hat, inwieweit er sich selbst mit ihr identifiziert. Im Stil ist er blumen- und bilderreich, ein Maler mit Worten und Tönen, leider nur zu oft schon Manierist; die Herzogin ohne Blumen, doch voll feiner Nuancen; ohne Bilder, doch mit sauberen Konturen; keine Malerin, doch Stimmungen beherrschend und mitteilend, im Ausdruck gewählt und nie geziert.

In ihrem Kern soll die Geschichte (nach Villemains Mitteilung bei Ste-Beuve) auf Wahrheit beruhen. Bezüglich der Situation im allgemeinen wird man vielleicht auch an die Mlle. Aïssé[1]) erinnern dürfen, jene schöne Circassierin, die, von dem französischen Gesandten auf dem Sklavenmarkt in Konstantinopel (1698) gekauft, in ihrem 4. Lebensjahr nach Paris kam und gar bald in den zwar nicht sittenstrengen, doch liebenswürdigen Kreisen der französischen Hauptstadt eine grofse Rolle spielte: auch der Regent bewarb sich um ihre Gunst, die sie einzig dem Chevalier d'Aydie gewährte. — Sicherlich hat aber die Herzogin diesen Kern nicht nur mit

---

[1]) Die Briefe von Charlotte Aïssé (geb. 1693 oder 1694, gest. 1733) an Frau von Calandrini, welche die wichtigsten Aufschlüsse über ihre Persönlichkeit und ihren Roman enthalten, litterarhistorisch betrachtet eine Mittelstellung zwischen „Manon" und „Paul und Virginie" einnehmend, wurden zum erstenmal von Voltaire gleichzeitig mit der letztgenannten Erzählung (1787) veröffentlicht und 1788, 1805, 1823 und 1846 (von Ravenet) wieder herausgegeben. Vgl. Ste-Beuve, Derniers Portraits p. 127—179; Portraits de femmes p. 35 sq.

dem Hauch ihres Geistes beseelt, sondern — wie sie sich durch die Schriftstellerei von eigenen Leiden befreien wollte — auch noch vieles aus dem eigenen Leben hinzugethan. Die Schilderung der Revolution ist ebensosehr biographisches Detail als historisches Dokument; sie dürfte dabei das „Journal des prisons de mon père, de ma mère et des miennes" ihrer Schwiegermutter[1]) benutzt haben, deren Bild in den Zügen der Marschallin von Beauvau festgehalten ist. Der alte Abbé, den Urica durch zehn Jahre jeden Tag über die Religion hat spotten hören, und der nun ganz aufgeregt ist, weil man die geistlichen Güter eingezogen hat und er dadurch 20000 Livres Rente verliert, gehört zweifellos zu den Typen der Zeit. In Uricas Beichtvater, den sie als einen heiligen, wenig argwöhnischen Greis charakterisiert, haben wir vielleicht jenen alten Priester wiederzuerkennen, der, ehemals Feldprediger der vendéeschen Armee, in der Emigration bei der Hochzeit der Herzogin assistierte und sie Latein lehrte. Und über das Klosterleben findet sich in einem anderen unveröffentlicht gebliebenen Roman „Les Mémoires de Sophie", hauptsächlich Jugenderinnerungen der Verfasserin, die bezeichnende Äufserung[2]): „Das Kloster gehört zu jenen Heilmitteln, die man nicht zu gebrauchen anfangen sollte, wenn man es nicht fortsetzen kann. Die Regel beruhigt die Seele ohne Zweifel, und das Klosterleben führt so auf sicherem und friedsamem Pfad zum Tod; aber wer es nur vorübergehend mitmacht, hat keinen Anteil an seinen Wohlthaten."

In der Gesamtauffassung des Problems steht die „Urica" noch zunächst dem „Aussätzigen": ein von dem Individuum völlig unabhängiges, äufseres Schicksal waltet verhängnisvoll

---
[1]) Paris (Plon) 1888.
[2]) Bardoux p. 47.

über dasselbe und bestimmt seine Absichten und Handlungen. Dieses dem deutschen Schicksalsdrama so verwandte Thema menschlich näher zu bringen, dadurch eindringlicher zu wirken und zugleich ein Kunstwerk feinsten Geschmackes zu schaffen, ist der Herzogin erst in ihrem zweiten Roman, im „Eduard" gelungen. Jene früher genannte Mlle Aïssé, deren Briefe Barante kurz vor dem Erscheinen des „Eduard" dem französischen Lesepublikum wieder vorgelegt hatte (1823), gab sich ihrem geliebten Chevalier hin, versagte sich aber, ihn zu heiraten, um ihn nicht herabzuziehen — auch die Herzogin von Nevers müfste herabsteigen, wenn sie sich mit dem bürgerlichen Eduard verbände: die Unbeugsamkeit der gesellschaftlichen Ordnung, dieses von dem Menschen unabhängigen und doch von ihm selbst geschaffenen Unglücks, verhindert es.

Die Schilderung des Entstehens und Wachstums einer Leidenschaft in zwei Personen machte der Herzogin keine gröfsere Schwierigkeit als früher die Vertiefung in das Seelenleben eines einzigen Wesens: wir lernen nur aufs neue ihr Feingefühl und ihren Seelenadel bewundern.

Eduard erleidet in der ersten Zeit seiner Leidenschaft geradezu Gewissensbisse bei dem Gedanken, dafs die Angebetete seine Liebe erwidern könnte: es erscheint ihm wie ein Verrat, den er nicht zu entschuldigen vermöchte, der seiner unwürdig wäre, wenn er die freundliche Aufnahme, die ihm der Marschall von Olonne um seines Vaters willen gewährt hat, wirklich dahin mifsbrauchte, sich in die Liebe seiner Tochter einzustehlen und sie in den qualvollen Abgrund einer hoffnungslosen Neigung zu stürzen. Später weifs er aus ihrem eigenen Munde, dafs sie ihn liebt; dafs sie es als kein Opfer betrachten würde, ihm anzugehören; dafs sie bereit ist, seine Gattin zu werden; aber er wäre nicht imstande, den Tadel der Welt zu verwinden, der ihn als elenden Verführer, sie als eine entartete Tochter träfe; und darum flehen sie beide zu Gott, sich in Unschuld lieben zu können und so bis in den Tod. Der physische Trieb wird jedoch immer stärker; es kommt zu einer stürmischen Scene; nur ihr Aufschrei, er selbst würde sich über ihre Entehrung nie wieder beruhigen, rettet sie vor dem Äufsersten; aber auch sie fühlt die Unmöglichkeit, länger standzuhalten; sie wollen sich einander insgeheim antrauen lassen — als die Welt dazwischenfährt und sie auf ewig trennt.

Die Isoliertheit Eduards in den adeligen Kreisen, in die er geraten ist, tritt uns nun mit grofsartiger pathetischer Steigerung vor Augen: zuerst hat man ihn bei Herrn von Olonne wegen seines Vaters und später dem Hausherrn zuliebe geachtet und ihm seine untergeordnete Stellung nicht fühlen lassen; dann ist sie ihm angesichts seiner Rivalen und in den Zirkeln, in denen er mit der Geliebten zusammentraf, wohl bewufst geworden, aber er hatte schon soviel Geschmack an den Äufserlichkeiten der vornehmen Gesellschaft gewonnen, dafs ihn unter seinesgleichen zu sitzen peinigte, ihre Sprache ihn anwiderte, ihre Gemeinheit und Alltäglichkeit ihn demütigte; der nächste Schritt, dafs er sich auch innerlich von ihnen emanzipiert, abgestofsen von dem oberflächlichen geräuschvollen Treiben in dem Hause seines Oheims, eines reichen Generalpächters, und gekränkt durch dessen unedles Betragen Herrn von Olonne gegenüber, als dieser zeitweise in Ungnade fällt; bis er sich von seinen Nebenbuhlern nur mehr mit Kälte und Ironie behandelt sieht, die Verleumdung den Marschall gegen ihn aufbringt und er schliefslich von dem Hauptschuldigen, den er zur Rechenschaft ziehen will, hören mufs: „Sie sind kein Edelmann, Sie haben keinen Rang in der Welt, ich würde mich höchst lächerlich machen, wenn ich in Ihr Begehren einwilligte." Jetzt empfindet er in seiner vollen Schwere das auf den gesellschaftlichen Ordnungen lastende Fatum, das ihn überallhin verfolgt; er, der früher wegen der Ehre in der Gesellschaft auf das höchste Glück verzichtet hat, sieht nun, dafs diese Gesellschaft ihm gar keine Ehre zuerkennt, ihm beschimpft Rache zu nehmen verweigert. Aus dieser tragischen Situation giebt's keinen Ausweg mehr: er stürzt zum Flusse — da fährt der Wagen der Geliebten an ihm vorüber in den Hof eines Klosters; er eilt ihr nach, und hier in der Kirche kommt er zu heifser Reue und neuem Mut: er will seinen Fehler abbüfsen, seine Pflicht auf sich nehmen, seinen Frieden zu finden suchen. Wenn er schon ein enterbtes Kind des Vaterlands ist, das ihn zurückstöfst und ihn seiner Verteidigung nicht für würdig hält, darf er doch sein Blut dafür hingeben: er geht als Soldat in den Krieg nach Amerika. Aber bis zum letzten Augenblick, wo er auf die Zeitungsnachricht von dem Hingang der Herzogin selbst den Tod im Kampfe sucht, fällt es ihm nicht ein, etwa revolutionär aufzutreten: „Mein Geschick", sagt er, „hat mich von ihr getrennt; ich war nicht ihresgleichen."

Es sind die von dem Vater eingesogenen Lehren, die im Sohne nachwirken: denn nach dem Vater, den er über alles ehrt und achtet, hat sich Eduard ein von keinem andern verwirklichtes Ideal der Verbindung gesunden Menschenverstandes mit Reichtum des Geistes gestaltet; und dieser Vater hat Eduard gezeigt, dafs die Nationen ihre Gesetze erzeugen als eine Frucht der Sitten und des Volksgeistes, dafs sie an ihnen mehr als an allem anderen hängen; dieser Vater hat Eduard die Institutionen aller Völker zu verstehen und zu bewundern gelehrt: die Jury, ein Zeugnis für den Erhaltungsgeist der Engländer und ihre Ehrfurcht vor der Vergangenheit, sogut wie das französische Gerichtssystem, das verbesserte Werk der Zivilisation; die freie Wahl der Richter sogut wie die Verkäuflichkeit der Ämter, die dort die Institution auf den Individuen beruhen macht, hier die Individuen ihren Glanz und ihren Wert von der Institution entleihen läfst. Die Kinderheiraten mifsbilligt er, doch „das Herkommen gestattet sie"; und so steht ihm auch die Ehrfurcht vor den gesellschaftlichen Schranken auf der gleichen Linie mit Religion, Moral, Ehre. Wem aber einmal solche Anschauungen geläufig geworden sind, der bäumt sich nicht auf gegen das Unabänderliche, der fügt sich demütig unter die Gesetze der hohen Notwendigkeit: und damit sind wir an den Interferenzpunkt des Eduard- und Renétypus gelangt.

Sie beide sind Kinder der Einsamkeit; sie beide kranken an einem von Leidenschaft und Schmerz zerrissenen Herzen, das ihnen teurer ist als alle Freuden der Welt; ihnen beiden bleibt in einem Alter von 23 Jahren nichts mehr übrig als die Erinnerung. Aber während René seiner Charakteranlage nach in dieses Unabänderliche sich nicht schicken kann, obwohl es ein absolut Unabänderliches ist, möchte der andere es gar nicht ändern, selbst wenn er es könnte: „Selbst wenn es in meiner Macht gewesen wäre", sagt er, „ihr auch nur eine Schattierung des Ranges wegzunehmen, der mich für immer von ihr trennte — ich hätte mich nicht dazu verstehen können." René ist ein völlig zweckloser Held, es arbeitet nur in seinem Innern; Eduard arbeitet selber und mit Lust; wie beneidet er England, wo sich das Unmögliche nie vor dem Talent auftürmt, wo man nie sagt: bis hierher und nicht weiter, wo alle Laufbahnen dem Verdienste offen stehen; hätte sich nur auch eine seinem Ehrgeiz gezeigt, er hätte alle Schwierigkeiten besiegt, alles erobert: denn „die Liebe ist wie der bergversetzende Glaube, sie teilt seine Allmacht; aber das Unmögliche brandmarkt das Leben."

Es ist sehr charakteristisch für die Verfasserin, dafs sie das Motto der „Delphine": „Der Mann mufs der öffentlichen Meinung trotzen, die Frau sich ihr unterwerfen" so verkehrt hat. Aber sie weifs es zu begründen, zunächst aus ihrer Kenntnis des weiblichen Herzens. Frau von Nevers hat Eduard zur selben Zeit ihre Liebe geschenkt, da sie die seine empfing, und sie täuscht sich auch ihrerseits keinen Augenblick über die Thorheit dieser Neigung, die sie beide unfehlbar zugrunde richten mufs. Sie flieht ihn, sie reist zu ihrer Freundin, der Marquise von C., „ihrer Vernunft", wie sie sie scherzweise nennt. Sie befolgt nach ihrer Rückkehr deren Rat: sucht die Zerstreuungen der Welt, meidet seine Gesellschaft. Aber nur ihre Person vermag sie auf den Ball zu führen, die bessere Hälfte ihres Ichs ist bei ihm geblieben und kann sich nicht von ihm losreifsen. In der Verbannung auf Schlofs Faverange, tief im Limousin, fast auf den Umgang zu zweit beschränkt, lassen sich die gleichgestimmten Seelen nicht länger in Trennung halten. Eines Abends, während die anderen in einer schwerfälligen Auseinandersetzung über den Getreidehandel begriffen sind, sieht Eduard sie auf dem Balkon sitzen, ihr schönes Profil abgehoben von dem Hintergrund des blauen Himmels; und er bricht von den Blüten des Jasmins ab, der sie umduftet, und giebt sie ihr und nimmt sie ihr wieder und bedeckt sie mit seinen Küssen und seinen Thränen, und bald weinen sie gemeinsam. „Soll ich Sie fliehen?" flüstert er. „Ach, es ist zu spät!" antwortet sie. Nur eine Rücksicht verlangt sie vorläufig von ihm, die auf ihren Vater. Aber auch in der wird sie wankend, da sie Eduard vor sich sieht, bleich, zerfallen, aufgezehrt von Liebe; da sie ihren Vater sagen hört, es gebe zwei Arten glücklich zu sein: durch das Glück, das man empfindet, oder durch das Glück, das man empfinden macht, wonach es den Anschein hat, als bedürfte er seiner Tochter gar nicht, um glücklich zu sein. Und als sie endlich keine andere Wahl mehr vor sich sieht, als mit dem Geliebten sich zu verbinden oder ewig sich von ihm zu trennen, da zögert sie nicht länger, Eduard sanft zu nötigen, ihr die Hand zu reichen: „Unser beider Leben hängt an einem Faden; wählst du die Flucht, so wählst du den Tod, meinen Tod mit dem deinen." In der erzwungenen Trennung bestätigt sich ihre Voraussage nur zu bald.

Gesteigert wird die Glaubwürdigkeit und Macht der dargestellten Leidenschaft dadurch, dafs Frau von Nevers kein junges und unerfahrenes Mädchen mehr ist. Ein Opfer des Ehrgeizes hat sie mit zwölf Jahren einem wenig würdigen Gemahl die Hand reichen müssen; mit zwanzig ist sie Witwe, frei und reizend, und kann heiraten, wen sie will. Offenbar um ein weniges älter als Eduard, entspringt doch daraus für die Liebenden kein Konflikt — einer der schwerwiegendsten Unterschiede von Ellénore, dem Typus, den B. Constant in seinem „Adolphe" geschaffen hat; daneben ist nicht zu übersehen die zweideutige Lage, aus der Constants Heldin nie herauskommt, der Egoismus Adolphes dessen Persönlichkeit bürgerliches Strebertum immer anhaftet — lauter halbe Menschen mit halben Leidenschaften, denen aus dem „Eduard" nur ganze und volle Charaktere gegenüberzustellen sind; sonst scheinbar allerdings dieselben äufseren Bedingungen: die überlegene reife Frau, die den jugendlichen Liebhaber erst abweist und flieht, um sich ihm dann desto fester anzuschmiegen; derselbe Kampf mit dem Schicksal; dieselbe

Ehrfurcht vor den künstlichen, aber notwendigen Konvenienzen, die auch dem Verfasser des Buches über die Religion mit dieser und der Moral auf einer Linie zu stehen kommen; endlich dieselbe Moral: „Das leidenschaftlichste Gefühl vermag nicht wider die Ordnung der Dinge zu kämpfen; die Gesellschaft ist allzustark; sie mischt allzuviel Bitternis in die Liebe, welche sie nicht geheiligt hat." Aber damit endet auch die Herzogin, sie hat den folgenden Satz nicht mehr geschrieben: „Wehe daher dem Weib, das seine Stütze in einem Gefühl sucht, das zu vergiften alles sich verbündet, und wogegen die Gesellschaft, wenn sie es nicht als legitim zu achten braucht, sich mit allem wappnet, was es Schlechtes im Menschenherzen giebt, um alles Gute darin zu entmutigen."

Ein zweites Motiv, jenen Grundgedanken der „Delphine" Lügen zu strafen, sehe ich in der Restaurationstendenz, die sich schon unschwer aus den früher angeführten, so wenig dem Geist des 18. Jahrh. entsprechenden staatsphilosophischen Anschauungen von Eduards Vater hat erkennen lassen. Das Weib wird in der Leidenschaft immer rasch bereit sein, Sitte und Herkommen gering zu achten und die gesellschaftlichen Schranken zu überspringen; der Mann dagegen soll sie anerkennen und aufrecht erhalten: das ist seine Pflicht.

Dieselbe Tendenz hat auch die Schilderung der Gesellschaft des ancien régime beeinflufst, die uns im „Eduard" weit weniger verrucht entgegentritt, als wir sie uns vorzustellen gewohnt sind. Edle Einfalt giebt dem Hause des Herrn von Olonne das äufserliche Gepräge. Besitz von Würden und Reichtum ist hier so alt, dafs niemand mehr an sie denkt, ja dafs sie nur Pflichten auferlegen. Hier verkehren der Geist und das Talent, und es herrscht der gute Geschmack. Im Innern der Familie geht es etwas gravitätisch zu: alle, die sich nahen, stellen sich unter eine gewisse

Väterlichkeit wohlwollenden Schutzes; für alle ist Herr von Olonne ein Vorbild, denn er besitzt die Aufrichtigkeit des erhabenen Charakters, er steht den Glückseligkeiten des Lebens unbefangen gegenüber, da er über ihnen steht. Im öffentlichen Leben begünstigt er die englischen Einrichtungen; einen Engländer, ein berühmtes Mitglied der Opposition, trifft Eduard gleich beim erstenmal in seiner Gesellschaft. In die Verbannung geschickt, legt er die Würde respektvollen Stillschweigens an den Tag und verschmäht es, Trotz gegen die Regierung zu zeigen. Er beschäftigt sich jetzt mit Dingen, die durch ihren nützlichen Zweck interessant sind: mit der Urbarmachung weiter Strecken, mit der Erbauung einer Fabrik und eines Spitals, mit der Abfassung seiner Memoiren. Das ist der Adel, der zwar ohne Titel, aber unerniedrigt zur Guillotine schritt: denn solche Leute können wohl vom Unglück erreicht werden, aber ihre Seele steigt nicht herab, ihr Rang ist unwandelbar. Tiefer stehen der Herzog von L. und der Prinz von Enrichemont: der eine prachtliebend, verschwenderisch, aber anmutig und liebenswürdig; der andere mit vollkommenen Formen, ausgebreiteten Kenntnissen, aber „von ausgetrocknetem Gehirn und verfaultem Herzen." Eduard hat die Oberflächlichkeit dieser Leute bald durchschaut; er lernt auch ihre Leichtfertigkeit kennen, die sich ihrer Abenteuer rühmt und nicht begreift, wie einer erzürnt sein könne, wenn man ihm die reizendste Frau von Paris zur Geliebten giebt. Aber selbst da sind sie nicht so gemein wie der emporgekommene Generalpächter Herbelot, der nur auf den Strafsen des Glücks und der Mode wandelt, die neuerworbenen Reichtümer nicht schnell genug verprassen kann und als wahre Philosophie im Leben und im Genusse nur das Sprüchelchen „Haben und Rauben" anerkennt. Noch einen dritten Stand hat die

Verfasserin im „Eduard" geschildert, ihm jene Ehre und Achtung bezeigend, die sie mit Montesquieu als seine Grundlage anspricht: die Magistratur. Sie ist ihr ein Priestertum, berufen, die Moral der Gesellschaft im äufsern zu erhalten, wie jenes andere sie im Gewissen der Menschen regelt. Nur dieses steht über ihr, alles andere unter ihr.

Man wird nicht leugnen, dafs es sehr interessant ist, solche Anschauungen aus dem Mund einer Dame von dem Rang der Frau von Duras zu hören, zumal in der Form, wie sie hier vorgetragen werden, mit Geist und dem wärmsten persönlichen Anteil. Dazu kommt noch, dafs zweifellos der „Eduard" so wenig als die „Urica" eine blofse Fiktion müfsiger Stunden ist, sondern für ihn wie für alle Schöpfungen von solch sublimer Art der Satz des ersten Erklärers d'Urfés, Patru, gilt: „Die Geschichten der Astrée haben insgesamt einen wahren Hintergrund, der Verfasser hat sie nur sozusagen romanhaft gemacht." Die Herzogin selbst schreibt in einem Brief an Chateaubriand aus der Zeit, da sie den „Eduard" bereits vollendet hatte (7. Juni 1822[1]): „Ich kann Ihnen nicht sagen, was die Erinnerungen für mich bedeuten. Meine Phantasie lebt mehr in der Vergangenheit als in der Zukunft. Ich bin so mein ganzes Leben gewesen. Ich hätte einen ganzen Tag über einer Viertelstunde verträumen können." Natürlich läfst sich bei der Spärlichkeit unserer Hilfsmittel heute nur mehr das Wenigste als solche Erinnerung nachweisen. Sicher steckt hinter der Marquise von C. Frau von La Tour du Pin, die schon genannte älteste und vertrauteste Freundin der Herzogin. Ihr Gemahl war in Brüssel Präfekt — wie der Marquis Gesandter in Holland ist —, als Frau von Duras die Chateaubriandkrise durchzu-

---

[1] Bardoux p. 338.

machen hatte: Frau von La Tour ist damals der Gewissensrat der Herzogin gewesen;[1]) sie hat Claire denselben Rat gegeben, den Eugenie im Roman ihrer Natalie erteilt: "Beruhige diesen zu lebhaften Kopf, der dein ganzes Unglück ist; mach' dir etwas Nützliches zu thun; flieh nach Ussé (dem Landsitz der Familie Duras), und vermeide den Abschied. Beruhige dein Herz, wenn du es kannst. Denk' nicht mehr an den Menschen, der dich martert; ich erhoffe viel von der Zeit." Später warnte sie, sich mit ihm der Einsamkeit des Landlebens auszusetzen. Wir verstehen jetzt, wenn Frau von Nevers sagt: "Sie ist meine Vernunft; ich habe mich nie bemüht, eine andere zu haben." — Dafs die Herzogin, nach einem Wort der Frau von Staël[2]) "die einzige Person ohne Falsch in einer durch und durch verfälschten Gesellschaft," Verleumdungen nicht entging, ist gewissermafsen selbstverständlich: gerade zu der Zeit, wo sie am "Eduard" gearbeitet haben mag (1822), brachte eine anonyme Monatsschrift, die in England mit dem Geld der französischen Polizei gedruckt wurde, La Correspondance privée, giftige Angriffe gegen sie wegen der Bethätigung ihres eifrigen Interesses für Chateaubriand.[3]) — Und ebenso weist die einzige schwache Handhabe, welche der Roman bietet, um das Urbild des Marschalls von Olonne zu bestimmen, auf den eigenen Familienkreis der Herzogin zurück: Marschall von Duras, der Vater ihres Gemahls, war Chefkommandant der Nationalgarden von Guyenne,[4]) Herr von Olonne ist Statthalter dieser Provinz; ihre Schwiegermutter ist die Tochter des Marschalls von Noailles-Mouchy, von

---
[1]) Ebenda p. 92 sq.
[2]) Blennerhassett III, 441.
[3]) Bardoux p. 345.
[4]) Ebenda p. 60.

dessen erhabener Gesinnung das Wort zeugt, mit dem er von seinen Mitgefangenen Abschied nahm, als er das Luxembourggefängnis mit der Conciergerie zu vertauschen hatte: „Mit 16 Jahren bin ich für meinen König in den Laufgraben eingestiegen, ich steige mit 80 aufs Schafott für meinen Gott." — Wenn ich einerseits bedenke, dafs d'Urfé, statt von der Impotenz seines älteren Bruders zu sprechen, den vermeintlichen Geliebten ein als Knabe verkleidetes Mädchen sein läfst oder die Entstellung eines Gesichts nicht durch Blattern, sondern durch absichtliches Zerreifsen mit einer Diamantspitze erklärt, — und wenn ich andererseits höre, dafs die älteste Tochter der Herzogin, berühmt wegen ihrer aufserordentlichen Schönheit, auch schon in jungen Jahren Witwe wird (sie hatte den Fürsten von Talmont zum Mann); dafs die Herzogin die Beschäftigung mit diesem Roman vor niemand mehr geheim hält als vor Chateaubriand; dafs schon die unbedeutendste kritische Bemerkung sie zu einem Schritt aufregen kann, den sie später selbst als garstig und unedel bitter bereut — dann bekomme ich den Mut, die Frage aufzuwerfen, ob der „Eduard", für den noch kein Gewährsmann eine faktische Grundlage angedeutet hat, nicht blofs die poetische Verklärung des Verhältnisses der Verfasserin zu Chateaubriand ist, der zwar nicht durch sociale Schranken von ihr getrennt, aber proskribiert, verfolgt und arm war, als sie ihn kennen lernte.

Doch sei dem, wie ihm wolle — ohne Frage übertrifft der „Eduard" weit die „Urica". Gewisse Motive und Stellungen kehren wohl typisch wieder: wie Urica nur ein Einziges Karln vorenthält, so verbirgt Eduard vor dem Vater nur Eines, den Eindruck, den Frau von Nevers auf ihn gemacht hat; die Rolle der Marquise spielt hier die Mutter: sie warnt Eduard, aus seinem Stand herauszutreten, mit den

Worten Miltons: „Among unequals no society Can sort"; zwischen zwei Perioden gesellschaftlichen Zusammenlebens liegt eine Zeit der Vereinsamung — die Schreckensherrschaft oder die Verbannung; doch technisch bedeutet sie beidemale etwas anderes: im „Eduard" fördert sie die innere Entwicklung, in der „Urica" hält sie dieselbe auf. Die Komposition der Rahmenerzählung ist jetzt durchgeführt. Der Kommandant des Regiments, in welches Eduard eingetreten ist, hat schon während der Überfahrt für ihn Interesse gefafst, in Amerika sich seiner angenommen und ihm einmal mit eigener Gefahr das Leben gerettet. Eduard hält sich dadurch für verpflichtet, ihn mit seiner traurigen Geschichte bekannt zu machen; aber er wäre nicht imstande, sie mündlich zu berichten: er schreibt sie deshalb nieder. Diese Voraussetzungen, den Tod Eduards, die Beisetzung des Leichnams zu Füfsen der Geliebten und das Ende des Marschalls von Olonne in völliger Zurückgezogenheit erfahren wir aus einer zweiten Ichgeschichte, die sich durch Zartgefühl und diskrete Kürze auszeichnet. Im ganzen herrscht ein adeliger Ton, selbst die Leidenschaft hat nur edles Gepräge. Eduard erzählt in der Sprache der vornehmen Welt, schlicht und einfach, ohne den Anteil, den jeweils sein Herz oder sein Kopf an der Auffrischung seiner Erinnerungen nimmt, zu unterdrücken, mehr mit einer in Wehmut aufgelösten Traurigkeit, wie sie seinem Charakter entspricht. Der Herzogin ist nichts Besseres mehr gelungen. Ihr dritter Roman „Olivier", gleich gewandt in der Ausführung, leidet unter der Unbedeutendheit seines Stoffs.

Wie sie aus persönlichem Bedürfnis zu schreiben begonnen, so hatte sie auch nie die Absicht, ihre Schriften einem gröfseren Publikum vorzulegen. „Ich lasse nichts drucken. Meine Bücher lieben die Einsamkeit", pflegte sie

Drängern zu antworten¹); höchstens las sie ihnen die Geschichten vor.²) Endlich gab sie aber doch nach: in 40 Exemplaren ward die „Urica", in 100 der „Eduard" gedruckt.³) Als sich nun die Zeitungen, denen ein Exemplar oder auch keines in die Hände gefallen war, in geheimnisvollen Andeutungen ergingen, fand sie es am geratensten, um Mystifikationen vorzubeugen — das Publikum fiel später einer Delatouches wirklich zum Opfer⁴) — erst die „Urica" der Öffentlichkeit zu übergeben. Sie erschien 1823 und hatte einen ungeheuren Erfolg: Gérard entnahm ihr, wie seinerzeit der Corinne, den Stoff zu einem Gemälde, drei Pariser Theater brachten sie binnen 14 Tagen in verschiedenen Bearbeitungen auf die Bühne⁵), die Parodisten verspotteten sie als bourrique, und die empfindsamen Romanleserinnen trugen Kragen und Kappen à l'Ourica — wie bei der Reinheit des Charakters der Herzogin anzunehmen ist — ohne Anwendung der Mittelchen, die zu den Putzsachen à la Valerie geführt hatten. In den Débats und im Constitutionnel rührten Chateaubriand und seine Freunde die Werbetrommel, während sich die liberale Presse, angegriffen von diesen Lärmklängen, schweigend oder ablehnend verhielt. Der feiner gestimmte „Eduard" (1825) machte natürlich beim grofsen Publikum weniger Eindruck, desto bedeutenderen in den litterarischen Kreisen. Eine ganze Reihe von Roman-Novellen ist in Nachahmung seiner Form entstanden: Ste-Perrine von Valery [Antoine Claude Pasquin] (1826), Aloys ou le Moine du St-Bernard von Custine (1827), Marguerite von Barante

---
¹) Bardoux p. 302.
²) Ebenda p. 316.
³) P. Larousse, Grand Dictionnaire universel t. VII. p. 1431.
⁴) J. Schmidt, Geschichte der frz. Litteratur seit der Rev. (Leipzig 1858.) II. 225.
⁵) Stuttgarter Morgenblatt 1824, S. 463.

(1834) — diese kenne ich nicht; Saintines Mutilé (1832) treibt das Problem auf die Spitze: ein Mann, dem man Zunge und Arme genommen hat, und der eine Dichtung schaffen könnte, die ihn neben Homer und Shakespeare stellen würde — und kein Mittel auf Erden, um diesen Plan zu realisieren; die neckische und pathetische, doch immer gleich anmutige und keusche Mlle. Justine de Liron von Delécluse (1837) in den Rahmen dieses Aufsatzes einzubeziehen, trage ich jedoch Bedenken; denn wenn auch Justine an einer Stelle sagt: „Le destin m'a jetée hors de la société", ruht doch der Konflikt mehr im Charakter der beiden Liebenden als in ihrem Altersunterschied von vier Jahren. Der Geist der Herzogin· von Duras aber ist auf George Sand übergegangen, auf Victor Hugo, auf Zola.

Für Deutschland und Österreich bezeugen Nachdrucke des französischen Textes[1] und Übersetzungen[2] — vom „Eduard" drei — das grofse Interesse, das man den beiden Romanen entgegenbrachte. Castelli suchte nach Pariser Muster in eihem Fabrikat seiner dramatischen Sträufschen das Theaterpublikum für die „Urica" zu gewinnen (1824) — wir werden es noch kennen lernen —, und das „Morgenblatt" vermittelte die beiden Erzählungen sofort nach ihrem Erscheinen, nur wenig gekürzt, dem weitesten Leserkreis (1824; 1825/6[3]). Zwei Jahre später hat sie Heine an dieser Stelle[4] mit Ludwig Roberts „Macht der Verhältnisse", „Isidor

---

[1] Ourica, Berlin (Duncker u. Humblot) 1824. Vienne (Schrämbl) 1824.

[2] S. Goedeke Grundrifs 'III 1312. Die Stöbersche Übersetzung des „Eduard" auch: Wien (Schrämbl) 1826.

[3] „Urica" 1824, Nr. 118—131; „Eduard" 1825, Nr. 301/313; 1826, Nr. 1/12.

[4] Morgenblatt 1828, Nr. 83—90, 94—97; bei Elster VII 224 ff. Die Richtigstellung des Textes S. 227,4 ergiebt sich aus meinen Ausführungen von selbst.

und Olga" von Raupach, Delavignes und Beers „Paria" zusammengestellt. Damit war die Existenz unseres Typus erkannt und ausgesprochen; und hier hat eine Beschreibung seiner Varietäten in der deutschen Litteratur chronologisch und sachlich einzusetzen.

II.
Die drei Paria.

Es ist vielleicht ein Zufall, dafs genau in demselben Jahr (1811), da in Frankreich der Graf Xavier de Maistre mit seinem „Aussätzigen" den Reigen jener Schöpfungen eröffnete, welche den malheur d'être in den Mittelpunkt der Dichtung rücken, Ludwig Robert beim Berliner Hoftheater sein bürgerliches Trauerspiel „Die Macht der Verhältnisse" einreichte, welches als erstes in Deutschland in bewufstem Gegensatz zu jenen Dramen, die ein an Zeit, Ort und Requisit gebundenes Schicksal verhängnisvoll über den Menschen walten lassen, das sociale Schicksal vorführt: dafs der Mensch in bestimmten Verhältnissen lebt, unter bestimmten Verhältnissen leidet.[1])

Aber gewifs als kein blofser Zufall, sondern als die naturgemäfse Folge des geistigen Entwicklungsganges, als der konkrete Ausdruck der geistigen Bedürfnisse der eigentlich lebensfähigen Klasse in beiden Ländern, der Bourgeoisie, ist es anzusehen, wenn Frankreich und Deutschland zur selben Zeit dasselbe Gewand für denselben Schmerz fanden und dies sofort von den Zeitgenossen — den Befähigtesten im Mitahnen aller Regungen der Volksseele, Goethe und Heine —

---

¹) In Wien kam das revolutionäre Stück erst zur Aufführung, als es nicht mehr genug revolutionär war: 1848 (am 25., 26. und 30. August). Ich habe mich mit ihm nicht weiter zu beschäftigen, da es sociale Konflikte, aber keine sociale Isolierung zum Vorwurf hat; vgl. im übrigen J. Minor, Deutsche Dichtung XVIII (1895), 247 ff.

bemerkt ward; wenn in demselben Augenblick, da die Novellen der Herzogin von Duras mit ihrer hochkonservativen aristokratischen Auffassung des Problems der Isolierten über den Rhein kamen, sich ihnen drei „Paria" entgegenstellten, ein Deutscher in einem Akt — es ist der von Michael Beer —, eine französische Tragödie in fünf Akten — von Casimir Delavigne — und Goethes lyrische Trilogie, sie alle drei völlig unabhängig von einander entstanden und ihr Thema gestaltend, aber in der Allgemeinheit ihrer Intention, für Ausgestofsene und Geknechtete Partei zu ergreifen, ebenso völlig wieder zusammentreffend.

Äufserlich mutet uns ja das erstgenannte Stück[1] freilich noch recht romantisch an. Sein Inhalt: das eheliche Glück eines Paria (Gadhi) mit der Tochter eines Rajah (Maja) unter Verletzung des Gesetzes der Witwenverbrennung, gestört durch das Hinzutreten eines dritten (Benascar), der sich dem schönen Weib erst lüstern naht und dann, als Bruder erkannt, auf die Wiederherstellung der Familienehre dringt, wodurch er beide in den Tod treibt; in der Form eine Jambentragödie, in Schillerschem Geiste gezeugt und geboren; der analytischen Technik nach zum Schicksalsdrama gehörig; aber im Kern auf Realitäten hinweisend, die wir sonst in den hohlen Machwerken des Architekturdramas nimmer zu finden gewohnt sind: denn die an sich schon furchtbare Situation der Pariakaste ist, wie Immermann nach der Lektüre des Stückes gegen Beer bemerkte, dadurch tragisch gesteigert,

---

[1] Vergl. Briefwechsel (mit Immermann) hgg. von E. v. Schenk (Lpz. 1837) 80ff.; Heines sämtl. Werke (Elster) VII 224; O. F. Manz, M. B's Jugend und dichterische Entwicklung bis zum Paria (Freiburg i. B. 1891); ders., B's Lyrik. Gegenwart 1893, 53; G. zu Putlitz, Karl Immermann (Berlin 1870) I 170ff.; L. Geiger, Geschichte der Juden in Berlin (Berlin 1871) I 149ff., II 190; ders., Vorträge und Versuche (Dresden 1890) S. 223ff; ders., Berlin 1688—1840 (Berlin 1893/5) II 430.

dafs uns ein Paria von besonderer Organisation vorgeführt wird, der durch sein Inneres zu allem schönen Menschlichen berechtigt, durch die äufseren Verhältnisse von allem Menschlichen hinweggewiesen, an diesem Konflikte untergeht. Es war Beers eigene Lage: er hat es zeitlebens nicht verwinden können, noch auf dem Totenbette gestöhnt: „Welch ein Unglück, Jude zu sein!" Er hat zeitlebens den Druck gefühlt, der auf dem Angehörigen seiner Rasse in Deutschland lastete, mochte er noch so reich, noch so gebildet sein, und trotzdem zeitlebens standhaft den Gedanken zurückgewiesen, den Glauben seiner Väter zu verleugnen.

Ungefähr zur selben Zeit, da auf der Berliner Hofbühne die Posse „Unser Verkehr" gespielt wurde, „durch welche — schrieb der damals fünfzehnjährige Beer — alle Juden aufs höchste prostituiert sind, und wobei sich der Hafs der Christen aufs gräfslichste ausgesprochen hat", beschuldigte umgekehrt der Professor Rühs die Juden des Hasses und der Verfolgungssucht gegen die Christen, Eigenschaften, die nicht aus der traurigen Behandlung, die sie erfahren hätten, hervorgingen, sondern aus ihrer Verfassung; sprach ihnen aus diesem Grunde die Möglichkeit ab, als gleichberechtigte Bürger aufgenommen zu werden, und wollte ihnen nur die Rechte eines geduldeten Volkes zuerkannt wissen. Trotz des Ediktes von 1812, trotz der patriotischen Bewährung in den Befreiungskriegen wurden fortgesetzt jüdische Beamte und Offiziere aus dem Dienst entfernt. Viele verschafften sich das „Entréebillet in die Gesellschaft" durch die Taufe; ihnen folgten schliefslich auch jene, die erst gedacht hatten, durch Hebung jüdischer Kultur und Wissenschaft mutvoll im ererbten Glauben beharren zu können. Dafs ihr Leben „ein elendes Gewimmer, der leise Seufzer des getretenen Wurms, den vor dem Dasein schon ein ew'ger Fluch verdammt, im Staub sich ächzend hinzuwinden«, gestanden sich innerlich selbst die, welche sich nach aufsen gern offen und frei als Juden bekannten wie die Brüder Beer. Etwas kategorischer formulierte die gleiche schmerzliche Erkenntnis Börne in einer Novellette, die im selben Jahr, da „Der Paria" in Berlin über die Bühne ging (1823), im „Morgenblatt" erschien: „Der Roman". Ein jüdischer Oberst wird von seiner Braut, wiewohl er getauft ist und sie ihn liebt, nur seiner Abstammung wegen verleugnet, hierauf wehrlos von ihrem racheschnaubenden Bruder angefallen, wobei diesem ein Freund des Obersten eine tötliche Stichwunde beibringt; die Welt hat gesiegt, die Getrennten aber fühlen sich beide höchst unglücklich. Schon vier Jahre früher (1819) war Börne mit einem Schriftchen „für die Juden" eingetreten — das er alsbald selbst zurückzog und später nur bruchstückweise in seine „Vermischten Aufsätze" (32, 56) und „Fragmente und Aphorismen" (96) einschaltete —, hatte Cumberlands „Jude" und die schon genannte Posse „Unser Verkehr" einer tendenziösen Kritik unterzogen und L. Holsts „Judentum in allen dessen Teilen" zu widerlegen gesucht („Kritiken" 26; 1821): all dies in würdigem, ernstem Ton. Nun zum erstenmal mischt sich Bitterkeit ein: „Ihr habt mir die Spiele meiner Kindheit gestohlen, ihr schlechten Schelme!" läfst er seinen Oberst ausrufen. „Ihr habt mir Salz geworfen in den süfsen Becher der Jugend; ihr habt die tückische Verleumdung und den albernen Spott hingestellt auf den Weg des Mannes — abhalten konntet ihr mich nicht, aber müde, verdrossen und ohne Freudigkeit erreichte ich das Ziel. Empfindung nach Empfindung habt ihr mir getötet und einen Kirchhof geschaffen aus dieser lebensvollen Brust. Dafs mir die Ruhe nicht einmal geblieben, dafs ich nicht Kraft genug habe zu vergeben und nicht

Ohnmacht genug, sie zu züchtigen! Ich kann sie nicht erreichen in ihren Fuchshöhlen, ich kann mich nicht bücken, ich kann nicht kriechen, und Recht behalten wie immer wird das schlaue Vieh." So fand die Empörung zweier edler Herzen gleichzeitig und von einander unabhängig einen ähnlichen Ausdruck. Bezeichnend für die Zeit ist auch schon die Einkleidung unseres Stückes. Unmöglich wäre es gewesen, nach den Zerrbildern der Berliner Hetzpossen einen edlen Juden vorzuführen, wie ihn im 18. Jahrh. wenigstens eine Gruppe von Dramen kennt (Lessing, Cumberland, Iffland[1]). Beer mufste notgedrungen zu einer Maskerade greifen, welche die eigentliche Tendenz genug eindringlich, wenn auch nicht aufdringlich hervortreten liefs[2]). Deutlich auf das Christentum spielt er nur an einer Stelle an, da Maja Benascar, der vorgiebt, die geschändete Gottheit rächen zu wollen, entgegnet:

„Entweiht' ich diesen Gott durch Lieb' und will
Er Blut dafür, so sag' dich los von ihm
Und stell' dir in dein goldnes Heiligtum
Ein friedlich Lamm, es knieend anzubeten.
Es ist mehr Göttliches in ihm, als in
Dem Rachedürstenden, den du verehrst."

Aber ebenso ungerecht sind die Beschuldigungen Heines (in dem Brief an Moses Moser, Hannover, 24. Januar 1824),

---

[1]) E. Schmidt, Lessing (Berlin 1884) I 135 ff.; H. Carrington, Die Figur des Juden in der dram. Litt. des 18. Jahrh., Heidelberg 1897.
[2]) Beers sämtl. Werke hgg. von Schenk (Lpz. 1835) S. XXXIII. — Vgl. Nees von Esenbeck an Goethe, Bonn, 4. Dezember 1824 (Goethes naturwissenschaftliche Korrespondenz 1812,32 hgg. von F. Th. Bratranek Nr. 254, II 105): „Dafs er seinen Paria nicht blofs objektiv und poetisch, sondern mit einer elegischen Zuthat aus seiner eigenen Stellung und Empfindung ausgeführt hat, verbarg er mir nicht. Ja, er erklärte sich sogar einen Teil des Effekts, den das Stück machte, eben aus der Kraft dieser Zuthat."

Beer habe ängstlich das Christentum geschont, sogar mit ihm geliebäugelt. Weit mehr als die verwaschene und gerade oft stark christelnde Romantik seines „Almansor", die, wenn sie realistisch werden will, über einen schalen Witz von der Art:

„Ich hör's: Dort weint das arme Mütterchen;
Sie aſs am Freitag gerne Gänsebraten,
Drum bratet man sie selbst jetzt, Gott zu Ehren"

nicht hinauskommt, hat sicher die würdige Wärme gewirkt, mit der Beer seine Vaterlandsliebe ausspricht, oder der sittliche Ernst, mit dem er an eine heute noch nicht geschlossene Wunde rührt. Weit tiefer als Heines mit erlogenen Liebesschmerzen wortreich verbrämte Verfluchungsrodomontaden sind zweifellosdes Paria Erwägungen gegangen, daſs Brahmas ewiger Haſs unmöglich seinem unglückseligen Stamm folgen kann,

„Weil einst vielleicht in grauer Fabelzeit
Ein Paria Huld'gung ihm geweigert,
Den Gott verhöhnt, der zu der Erde Prüfung
Sein lichtes Dasein mit Gestalt umgürtet."

Und wenn Beer in seinem Raisonnement fortfährt: Brahma ist gut und freundlich, jener Fluch ist nur ein Wahn der Menschen, eine Lüge der Priester; wenn sein Paria mit einem visionären „Alle — alle gleich" auf den Lippen stirbt; wenn Benascar selbst, der berufene Vertreter des Kastengeistes, in Zweifel geraten und bekehrt scheint, da er dem opferheischenden Brahminen mit schneidender Ironie zuruft: Zwei für eins; frag deinen Brahma, ob sie ihm gefallen" — so ist damit eine Seite der Judenfrage vernünftiger diskutiert und menschlicher gelöst, als wenn ein Dichter, nachdem er zwei Vätern ihre Kinder, zwei Liebende sich das Leben hat nehmen lassen, den Bankerott seiner Erfindung ausspricht mit den Worten: „Der Allmacht Willen kann ich nicht begreifen." Dafs die Ideen, welche Beer verficht, und die Argumente, deren er sich bedient, wesentlich der Rüstkammer der Aufklärung entnommen sind, war nicht schwer herauszufinden. Aber nicht aus Halle oder Berlin — wie sein Biograph Manz meint — sind sie geholt, sondern Rousseaus echtester Schüler selbst, Bernardin de St-Pierre, der Verfasser von „Paul und Virginie", hat sie Beer geliefert. In seiner „Indischen Hütte"[1]) finden wir den Paria, der arm an Gelehrsamkeit, doch reich an Leid, sanftmütig, Opfer der Ungerechtigkeit, barmherzig, reines Herzens, friedfertig und verfolgt" (S. 239), denen Gutes thut, die ihn verachten (S. 283); hier die Brahminin, welche die Fesseln ihres Glanzes mit den Banden der Schmach vertauscht (S. 306), doch, indem sie die Vorurteile ihrer Kaste abstreift, das Glück des Weibes als Gattin und Mutter findet. Bis auf Einzelheiten läfst sich der Einflufs der Quelle nachweisen: die Anspielung in der vorcitierten Stelle auf die Versündigung eines Paria an Brahma, durch welche der ganze Stamm den Fluch auf sich geladen (S. 293; keineswegs, wie Heine tadelte, blofs eine Parallele zu Ahasver und Christus); die Schilderung des Schreckens der Inder, da sie sich in der Hütte eines Paria sehen (S. 281); die Stellung der Pariakaste und die Bufse, welche auf eine Berührung mit dem Verfluchten gesetzt ist (S. 281); endlich die Hütte in dem abgelegenen reizenden Thale unter dem Schutze der mächtigen Banane (S. 280) — alles das hat Beer seiner Vorlage entnommen. Sein Werk

---

[1]) Die Citate nach den Oeuvres complètes. Études de la nature. Tom. IV, Paris 1818. Vgl. Arvède Barine, B. de St-Pierre, Coll. des gr. écrivains franç. (1891), p. 163.

ist die schon gekennzeichnete Tendenz und die tragische Entwicklung der Fabel. Denn St-Pierres Novelle hat einzig die Absicht[1]), alle jene Gesellschaften, zumal die Akademien und den Klerus, lächerlich zu machen, welche das Individuum, sei es durch die Macht des passiven Widerstandes, sei es durch die Wut der Verfolgung, darum bringen, frei zu denken und zu fühlen. Deshalb läfst er dem Korrespondenten der Akademie von London beim Oberpriester von Jagernat, dem Orakel Indiens, nur die engherzigsten Antworten auf seine Fragen zu teil werden, aber ihn die höchste Weisheit durch einen ungelehrten Halbwilden empfangen, dessen Geheimnis darin besteht, dafs er die Natur mit dem Herzen, nicht mit dem Verstand sucht (S. 288). Zu den Rousseauschen Gegensätzen Denken und Fühlen, Kultur und Natur, Stadt- und Landleben, Gesellschaft und Vereinzelung, Bevorrechtung und Rechtlosigkeit, Freiheit und Unfreiheit sind St-Pierres Lieblingsgedanken von dem Walten einer allgütigen Vorsehung und der absoluten Vollkommenheit der menschlichen Natur hinzugekommen. Nicht blofs einer litterarischen Mode folgend, hat St-Pierre den Schauplatz seiner Bluette nach Indien verlegt, wo sich die kindliche Phantasie die Wiege der Menschheit und das Paradies denkt: hier wird uns vielmehr ein zweites Eden ausgemalt ohne verbotene Frucht, ohne Versucher, ohne Engel mit dem flammenden Schwert; hier kann die neue Eva alle Äpfel pflücken ohne Gewissensbisse und Gefahr, der neue Adam die Ruhe eines gefühlten und gesicherten Glückes geniefsen ohne Kenntnis von Furcht und Übel, und der Erbsünde ledig wird ihr Kind kein Kain werden. Zwar Ambra und Aloeholz vermögen sie ihrem

---

[1]) F. Maury, Étude sur la vie et les oeuvres de B. de St-P. (Paris 1892) p. 571.

Gaste nicht zu bieten, aber Blüten und Früchte, welche durch die Dauer ihrer Wohlgerüche ein Sinnbild ihrer Neigung sind (S. 313).

So ist St-Pierres Paria in seiner Niedrigkeit tausendmal glücklicher als das Oberhaupt der Brahminen von Jagernat (S. 309), weil er im engsten Anschluſs an die Natur die Demütigung seiner Kaste überwinden gelernt hat (S. 256). Ohne Zweifel, ein moderner Schriftsteller hätte keinen Augenblick gezögert, seinen Helden in gleicher Weise sich mit Ironie über die bestehenden Verhältnisse erheben zu lassen, und man sollte meinen, auch einem Hegelianer wäre es nahe genug gelegen, die Welt zu negieren und das Ich rücksichtslos an ihre Stelle zu setzen. Wenn Beer trotzdem nicht diesen Weg beschritten hat, kann ihn nur die Praxis Ifflands und Kotzebues, die Rücksichtnahme auf die gewohnte Rührseligkeit und Thränenlust des deutschen Theaterpublikums beeinfluſst haben. Wie sich ihm übrigens aus den Motiven seiner Quelle, Kastenwesen und Witwenverbrennung, die Katastrophe herausgebildet hat, ist noch deutlich aus Benascars Frage zu erkennen:

„Verruchte, rede: lebt denn keiner Dir,
Der Rechenschaft von Deinem Handeln fordern
Und Deiner Väter Ehre rächen darf?"

Von da ab tritt der Apparat der alten Familientragödie, die schon längst den engen Kreis der Heimat überschritten und ihren Schauplatz in fremde Länder, nach Peru, Kamtschatka, Tahiti verlegt hatte und mindestens auch schon den indischen Nabob kannte („Die Indianer in England"[1]), in Arbeit: die

---

[1] Nicht erst Georg Forsters Sakontalaübersetzung (1791. 1803. 1820) hat, wie man gemeiniglich behauptet, diese neue Nuance von Theaterromantik aufgebracht, sondern schon 1776 (seit 8. April) findet sich im Repertoire des Wiener Burgtheaters ein Lustspiel in einem Aufzug: „Die indianische Witwe oder der Scheiterhaufen." Indien scheint sonst noch

Erkennung des heimkehrenden Verwandten (besonders beliebt im Schicksalsdrama von Moritz' „Blunt" bis auf Grillparzers „Ahnfrau"); die Entreifsung der Giftfrucht aus den Händen des Gegners („La Peyrouse"); der Wettkampf, wer der Schuldigere ist („Die Sonnenjungfrau"); das wechselseitige Überbieten in Grofsmut („Die Spanier in Peru", „Octavia", „Bayard"); der gemeinsame Tod der Liebenden („Die Negersklaven") — all diese Scenen waren dem damaligen Theaterpublikum liebe gute Bekannte aus den exotischen Dramen Kotzebues. Schade, dafs die Fäulnis dieser Teile den guten Kern der Dichtung selbst angefressen hat. Was sich sonst frei und leicht, doch tief bedeutsam hätte abspielen können, macht jetzt, mit Immermann zu reden, den Eindruck einer Martergeschichte. Nicht in Berlin, wo man die Tendenz des Stückes von Anfang an begriff, und wo dreifsig Wiederholungen in kurzem Zeitraum möglich waren; nicht in Weimar, wo nach werkthätigem Eingreifen Goethes die zweite Vorstellung einen wirklichen Enthusiasmus erregte;[1] sondern in Wien hat denn auch die Kritik diesen Übelstand hervorgehoben. Man fand überdies zuviel in einem Akt zusammengedrängt und die ganze Erscheinung (bei der anders gearteten Lage des jüdischen Teiles der Wiener Gesellschaft) zu fremdartig, als dafs sie rein menschliches Interesse erregen könnte. Mit dem Scherz, der „Paria" sei ein indisches Lokalstück, war das Drama gänzlich abgethan: es konnte trotz Löwes allgemein belobter Darstellung des Gadhi, trotz dem von Holtei[2] gefeierten Spiel der Müller als Maja

der Schauplatz zu sein bei K. Sondershausen „Der Hindu" (Dramatische Gedichte 1821/3) und K. Blum „Der Bramin" (ein Singspiel, aufgeführt am 22. Dezember 1826 in Berlin).

[1] Goethe an Nees von Esenbeck, Weimar, 17. Dezember 1824, Naturwiss. Korresp. Nr. 255, II 108; vgl. auch Nr. 253, 256, 258, 277; II 104, 112, 120, 165.

[2] Deutsche Lieder (1834), S. 63.

nicht öfter als dreimal über die Scene gehen. Der junge Dichter schmiedete sich aber gegen solche Mifserfolge eine Art von Panzer aus Goethes und Schlegels Kritiken. Durch Eckermann hatte Goethe in „Kunst und Altertum" (5. Bd. [1826], 1. Heft [1824], A. 1. H. 45, 339) der Wahl des Gegenstandes „als eines Symbols der herabgesetzten, unterdrückten, verachteten Menschheit aller Völker" sein Lob gespendet und selbst „einen Anhang sowohl in Bezug auf das französische Trauerspiel als seine eigene lyrische Trilogie" beigefügt.[1]) Halb klassizistisch, halb modern; halb Schicksals-, halb Familientragödie; halb französisch-aufklärerisch, halb indisch-romantisch; halb mit Restaurations-, halb mit Emanzipationstendenzen; halb Proletarierdrama, halb Judenstück erweckt Beers „Paria" sicherlich auch des modernen Lesers Interesse, vermag er ihn gleich dauernd nicht zu fesseln. Anders bei Delavignes Tragödie „Le Paria",[2]) welche Goethe mit der Bemerkung „sehr schön gedacht und wohl durchgeführt" ausgezeichnet hat: nur der erste Teil dieses Lobes wird auch unsere Zustimmung erhalten, mag man den Verfasser gleichwie der französische Bourgeois vor der Julirevolution als Vertreter seiner Ideen und Strebungen auf eine Stufe mit Béranger stellen und ebenso hoch schätzen oder wie die Franzosen von heute als ideenlosen und phrasenreichen Nachtreter klassizistischer Überlieferungen fallen lassen.[3])

---

[1]) Goethes Gespräche (hgg. von Biedermann) Nr. 926.
[2]) Théâtre de M. C. Delavigne. Nouv. éd. Tom. II. Paris 1833. Examen critique du Paria par M. Duviquet. — Zum erstenmal aufgeführt am 1. Dezember 1821 im Théâtre français und „sehr gut, aber bei weitem nicht mit dem Enthusiasmus aufgenommen" wie seine früheren Dramen (Morgenblatt 1824, S. 115).
[3]) So urteilt G. Lanson in seiner Histoire de la litt. franç. (Paris 1896) p. 971 über ihn: „Dans vingt ou trente ans, il sera sans doute permis de ne plus nommer C. D. dans une histoire comme celle-ci."

Schon der Vorwurf des Dramas ist recht besehen ein anderer als sein Titel: nicht das Paria-, sondern das Parvenumotiv. Ein junger Paria hat sich durch Waffenthaten zum Häuptling der Kriegerkaste emporgeschwungen — man wird unwillkürlich an Napoleon erinnert — und ist eben im besten Zuge, die Tochter des Oberbrahminen zu gewinnen. Da kommt der Vater, dem er entlaufen ist, und nimmt ihn wieder für sich als Stütze seines Alters in Anspruch. Die unmögliche Voraussetzung einmal zugegeben, ist bis hierher alles ganz annehmbar. Auch nur soweit geht Goethes Analyse. Was aber weiter folgt, stellt an den Menschenverstand zu grofse Forderungen. Nicht dafs etwa, wie man meinen sollte, der Zärtlichkeit des Alten mit dem Wiederfinden genug gethan wäre und er sich im übrigen vernünftigerweise in die günstige Lage seines Sohnes schicken, mindestens der Junge ihm diesen Vorschlag machen würde: vielmehr stellt Idamor, als verstände sich das alles von selbst, auch noch seiner Braut das Anerbieten, ihm in das Unglück und die Verachtung zu folgen, und unglaublicherweise regt sich ebensowenig Widerspruch gegen diese Tollheiten bei ihr. Nun könnte es ja damit sein Bewenden haben, doch das Stück ist eine Tragödie, deren Held unbedingt umgebracht werden mufs. Dazu braucht blofs das Volk den bösen Alten, gerade wenn die Ehe seines Sohnes hier geschlossen wird, in dem heiligen Hain zu ergreifen; als Paria erkannt, müfste er sterben, aber natürlich läfst sich Idamor für ihn steinigen, und seine Braut findet, dafs fortan ihr Platz an des Alten Seite ist! Die Motive aller dieser Handlungen sind und bleiben Rätsel,[1]) weshalb auch das Plaidoyer gegen den Kastengeist nicht verfängt. Trotzdem wurde dieses Mach-

---

[1]) Auch Julian Schmidts Analyse (a. a. O. I, 166) trifft diesen Schwerpunkt nicht.

werk zweimal übersetzt (von Biedenfeld 1824 und von Mosel 1829[1]) und allerorten aufgeführt. Nur "dafs in neuerer Zeit der Pariakaste Zustand die Aufmerksamkeit unserer Dichter auf sich gezogen", kann also bei allem Wohlwollen für Delavigne Goethen bemerkenswert erschienen sein, wollen wir nicht annehmen, dafs Weimar hier, wie ab und zu sonst in der Beurteilung fremder Produktion, einen falschen Ton angegeben habe. Goethes eigene Pariadichtung, wahrhaft Erholung und Erhebung, ist an solchem Pygmäentum nicht zu messen, mit Beers Drama nur hinsichtlich des Ernstes der Gesinnung, der Würde ihres Ausdrucks zu vergleichen, doch um so vieles ihm überlegen, als ohnmächtig leidenschaftlicher Schmerz eines 23jährigen Jünglings gegenständlich-abgeklärter Einsicht eines dreimal so alten Weisen nachsteht. Freilich hatte sein Gegenstand auch Zeit gehabt, sich von allem Ungehörigen zu läutern.[2]) Wie Goethe irgendwo einen sehr tiefen Sinn jenem Wahn zuschreibt, dafs man, um einen Schatz wirklich zu ergreifen, stillschweigend verfahren müsse, kein Wort sprechen dürfe, wieviel Schreckliches und Ergötzendes auch von allen Seiten erscheinen möge — so ähnlich hatte er auch "die höchst bedeutsame Fabel" seines Paria "als einen stillen Schatz vielleicht vierzig Jahre[3]) bewahrt und konnte sich dann erst entschliefsen, ihn von seinem Innern durch Worte loszulösen, wo er ihm die eigentliche reine Gesinnung zu verlieren schien".[4]) Ihm war es eben der "schönste Besitz, solche werte

---

[1]) Goedeke a. a. O. ¹ III, 847 verzeichnet eine Ausgabe von 1823 und übernimmt aus der "Abendzeitung" 1829, Nr. 101 die falsche Notiz: "Mosel habe Chöre hineingeschrieben"; sie sind ebenso getreue Übersetzung wie alles übrige.
[2]) Gespräche Nr. 314.
[3]) Ebenso an Schulz, 9. Januar 1824.
[4]) An Reinhard, 5. Juli 1824.

Bilder oft in der Einbildungskraft erneut zu sehen, da sie sich denn zwar immer umgestalteten, doch ohne sich zu verändern, einer reineren Form, einer entschiednern Darstellung entgegenreiften".[1]) Die Entstehungsgeschichte des „Paria" wird durch diese Äufserungen in gleicher Weise erklärt, wie sie ihrerseits dieselben bestätigt.

In die Achtzigerjahre, da Sonnerats „Reise nach Ostindien", welche Düntzer als Quelle schon längst nachgewiesen hat, Goethe und Herder beschäftigte, haben wir die Aufnahme des Stoffes zu verlegen. Vielleicht, dafs sich eine Notiz an die Stein vom 5. September 1785 („Sehr schöne indianische Geschichten haben sich aufgethan") darauf bezieht. Was sich ihm als bedeutender Zug so tief in den Sinn drückte, dafs er es solange lebendig und wirksam im Innern erhielt, lehren die Stelle im Tagebuch von 1807[2]) — da er als „Hauptfehler in dem Motiv der Jungfrau von Orleans, wo sie von Lionel ihr Herz getroffen fühlt, bezeichnet, dafs sie sich dessen bewufst ist und ihr Vergehen ihr nicht aus einem Mifslingen oder sonst entgegenkommt, wie z. E. dem Weib in dem indischen Märchen, in deren Hand sich das Wasser nicht mehr ballt"[3]) — wie die 1815 gedichteten Divan-verse (I, 13): „Schöpft des Dichters reine Hand, Wasser wird sich ballen".

Mag sich ihm nun in dem Verhältnis zu Marianne Willemer das Bild eines Zustands mit Keimen eines ähnlichen Konflikts aufgedrängt haben (Burdach[4]) oder durch die Königsberger

---

[1]) „Bedeutende Fördernis durch ein einziges geistreiches Wort." A. l. H. 50, 92. Gespräche Nr. 314.

[2]) 27. Mai, W III, 3, 215.

[3]) Volles Recht hat an dieser Stelle Düntzer (Erläuterungen zu Goethes lyrischen Gedichten [3] II, III, 380°) mit seiner Polemik gegen Baumgart.

[4]) Goethe-Jahrbuch XVII, 28°.

Anfrage und die darauf erfolgte Erklärung der „Geheimnisse" alles damals Aufgenommene wieder ins Bewufstsein getreten sein (Baumgart[1]) oder beides ihn gleichmäfsig aufgeregt haben — seit 1816 bemüht sich Goethe zunächst um die Ausführung des „Gebets" gleichzeitig mit der „Ballade";[2]) aber „es wollte noch nicht parieren".[3]) Erst 1821 ward die ihm längst im Sinne schwebende, von Zeit zu Zeit ergriffene Legende wieder lebendig, und er suchte sie völlig zu gewältigen.[4]) Am 7. Dezember 1821 ward das Gebet mundiert;[5]) acht Tage später machte sich Goethe an die „Legende" (17. Dezember), zog nochmals Sonnerat herbei (18. Dezember), nahm im Juni (22.), Oktober (3., 4., 5.) und Dezember (22.) des folgenden Jahres wieder das „Gebet" vor und verhandelte wegen „des baldigst mitzuteilenden Paria" im März 1823 mit Riemer (8.) und Ottilie (28.). Am 10. November war die Arbeit beschlossen und wurde zunächst Eckermann[6]), dem Kanzler Müller (am 14.[7]) schliefslich noch im Frommannschen Hause (am 29.[8]) mitgeteilt, sodann dem 3. Heft des 4. Bandes von „Kunst und Altertum" (1824) einverleibt.

Über die Behandlung des Gedichts äufserte sich Goethe selbst, sie sei „sehr knapp,[9]) und man müsse gut eindringen,

---

[1]) Goethes Geheimnisse und seine indischen Legenden. (Stuttgart 1895), S. 76 ff.

[2]) An Zelter Nr. 281, 282.

[3]) An denselben, 1. Januar 1817.

[4]) Tag- und Jahreshefte 1821, W I, 36, 187. Biedermanns Erläuterungen 1050.

[5]) Archiv XIII, 79; W I, 3, 379.

[6]) Gespräche Nr. 897.

[7]) Gespräche Nr. 899.

[8]) Chronik des Wiener Goethe-Vereins XI, Nr. 7, 8.

[9]) Von Düntzers Textemendationen (S. 375** = Zs. f. U. X, 709) zerstört die eine (zu Z. 92) eine Schönheit des Stils, die andere (zu Z. 21) den musikalischen Flufs der Rede.

wenn man es recht besitzen wolle",[1]) es „in einem treuen energischen Geist reproduzieren."[2]) Es kam ihm vor „wie eine aus Stahldrähten geschmiedete Damascenerklinge."[3]) Eckermanns Wunsch, Goethe möge dem Verständnis durch eine Erklärung zuhilfe kommen, ward anfänglich abgelehnt, später doch erfüllt (24. Februar 1824.[4]).

Kern der Legende[5]) ist ein ursprünglich brahminischer Sagenstoff, dem später eine andere Pointe künstlich angesetzt wurde, so dafs jetzt die Fabel für die Parias gilt — sie wissen wohl, dafs ihr Kult und Glauben, wie ihr ganzes Wesen eine arische Spitze, ein arisches Haupt erhalten hat — aber auch vom Standpunkt des Brahmanen gedacht ist, der es sich nicht anders vorzustellen vermag, als dafs, was Göttliches und Verehrtes in der verworfenen Pariagemeinde vorgefunden wird, zu solchem nur werden konnte durch Zusatz arischer Würde, durch Einmischung brahmanischer Göttlichkeit (M. Haberlandt).

Von einem „Hinweis auf ein Höheres, von wo ganz allein befriedigende Versöhnung zu hoffen ist", war also in der Vorlage nichts zu finden. Goethe erzählte aber Eckermann (was auch der Umstand bestätigt, dafs die Arbeit mit „des Paria Gebet" begonnen wurde und hier am ersten stecken blieb), er habe den Cyklus sogleich mit Intention

---

[1]) Gespräche Nr. 897.
[2]) An Reinhard, 5. Juli 1824.
[3]) Gespräche Nr. 897.
[4]) Gespräche Nr. 926.
[5]) Zu dem Goethe eigentümlichen Schwertsegen ist Weinholds Nachweis (Zs. d. V. f. Volksk. II, 46/50) doch wohl nur als Analogie zu fassen. Dagegen mochte in Weimar das Motiv der Vertauschung der Köpfe schon aus Klingers „Derwisch" (1780) — hier einem Märchen des Henri Pajol entnommen, das Wieland aus dem Cabinet des Fées übersetzte und in den ersten Band seines „Dschinnistan" (1786) aufnahm; vgl. K. O. Mayer in der Zs. f. d. Ph. XXV, 356 ff. — wohl bekannt gewesen sein.

als Trilogie gedacht und behandelt;[1]) und da er von der (lyrischen) Trilogie verlangt, "daſs in der ersten Partie eine Art Exposition, in der zweiten eine Art Katastrophe und in der dritten eine versöhnende Ausgleichung stattfinde", müssen wir annehmen, daſs ihm von allem Anfang eine Humanisierung der Legende vorgeschwebt sei. Ihre Wiedergeburt im christlichen Geiste[2]) entspricht ganz den Ideen der gleichzeitigen "Wanderjahre" (II, 1, 2; Löper-Baumgart), wo er Niedrigkeit und Armut, Spott und Verachtung, Schmach und Elend, Leiden und Tod — die Ehrfurcht vor dem, was unter uns ist, als die höchste Religion pries.

Auch bezüglich der Deutung wird man Baumgarts Meinung, der in der grausenhaften Riesengestalt das typische Bild der Menschheit sieht, wie sie thatsächlich ist — einerseits fähig, das Göttliche in sich selbst nicht nur zu ahnen, sondern es in sich selbst zu finden, aus sich heraus zu üben; andererseits unfähig, es in sich rein zu erhalten, gottähnlich und zugleich sündhaft — am besten mit Löpers feinsinniger Bemerkung verbinden, daſs sie ihrer Doppelnatur nur in ihren Äuſserungen unterliege, ihr Innerstes jedoch davon unberührt, rein göttlich bleibe.[3]) Allerorten stark betont ist in der Legende die Tragik des Unabänderlichen, Existenten.

---

[1]) 1. Dezember 1831, Gespräche Nr. 1390.

[2]) E. Schmidt in Westermanns Monatsheften 493 (Oktober 1897), 48.

[3]) Weil Düntzer (S. 393*) diese Deutung verwirft, weiſs er mit den letzten Absätzen der "Legende" nichts anzufangen und muſs einen leisen Zweifel erheben, ob dieser Schluſs nicht später gedichtet sei.

III.
Herr und Sklave.

Wie verschieden auch die Wirkung des Beerschen „Paria" da und dort war, das Stück hatte doch das Interesse des Theaterpublikums für sein Problem erregt. In Berlin folgte schon im nächsten Jahr Delavignes Drama in der Übersetzung von Biedenfeld (11. September 1824), sechs Monate später Raupachs „Isidor und Olga" (16. März 1825); in Wien ging Castellis „Urica" (26. August 1824) voran, der die Dramen von Raupach (15. Mai 1827) und Beer (18. Dezember 1827) folgten, während Delavignes Tragödie in der Übersetzung von Mosel (als „Idamor und Neala") nach drei Aufführungen im März 1829 vom Repertoire verschwand.[1]

Gemeinsam ist den neu aufgezählten Dichtungen, dafs sie Sklaven und Leibeigene zu ihren Helden machen. Der Paria ist ja bei allem Elend noch immer persönlich frei; ihm auch dieses letzte Gut zu nehmen, mag wie eine Verstärkung des Konflikts erschienen sein, wiewohl man damit blofs in längst beschrittene Bahnen wieder eingelenkt hatte.

Wir können die zahme Satire Rabeners auf das Dorfjunkertum übergehen. So recht die Geister erweckt haben erst Rousseaus Kampfrufe. Da stehen Nachkommen von Freigelassenen auf oder Leute, die in amtlicher Wirksamkeit das Elend der Leibeigenschaft kennen gelernt haben; Norddeutsche, denen das in Holstein frühzeitig nachgeahmte Muster

---

[1] Eine Oper „Die Paria" von Caraffa — vermutlich nach Delavigne —, welche in Venedig im Juli 1826 gegeben wurde, brachte es zu keiner Wiederholung. („Sammler" 1826, Nr. 100.)

Englands vorschwebt: die Göttinger, deren ganze Linie (Klopstock, Bürger und Vofs an der Spitze) zu Gunsten freien Menschenrechtes für den Bauernstand gegen landjunkerliche Allmacht anstürmt. Das Gelindeste, dafs den durchlauchtigen Bedrängern „Tyrann!" entgegengedonnert wird — sie sind Betrüger und Schelme, Leuteschinder und Mädchenschänder, „die, um verruchter Lust zu fronen, nicht Schöpfer noch Geschöpf verschonen", wahre Teufel, die schliefslich auch wirklich vom Teufel geholt werden.[1]) Unter allerlei Form und Gehalt — in Hexametern und Knittelversen, satirisch und idyllisch — wird die „grofse Angelegenheit Europas" fortverhandelt, während gleichzeitig in Frankreich Bernardin de St-Pierre mit der Ironie Voltaires die Schwarzen in seinem Drama „Empsael" gegen ihre weifsen Sklaven menschlicher sein läfst als die Weifsen gegen ihre schwarzen und mit dem Pathos Rousseaus der Civilisation den Prozefs macht, welche diese monströse Unmenschlichkeit noch immer duldet.[2]) Leider haben die Schwarzen St-Pierre nicht so recht gelesen, oder St-Pierre hat die Schwarzen nicht so recht gekannt; denn als der Nationalkonvent wenige Jahre später die Aufhebung der Sklaverei und Gleichberechtigung der Farbigen mit den Weifsen beschlofs, da machten die Befreiten die erste Anwendung von ihrer Freiheit, um auf S. Domingo Tausende von Europäern schonungslos niederzumetzeln. Trotzdem konnte Kotzebue 1796 ein historisch-dramatisches Gemälde „Die Negersklaven" liefern,[3]) dieser echten Naturkinder voll Tugend und Unschuld, die man schmählich um ihre Freiheit betrogen hat. Wie all ihre raffinierte Naivetät und Natürlichkeit eigentlich aus beständiger Reflexion und

---

[1]) J. Sahr, G. A. Bürger und sein „Wilder Jäger". Zs. f. d. U. I 26 ff., bes. S. 537 ff.
[2]) Maury, p. 519 sq.
[3]) Ch. Rabany, Kotzebue (Paris-Nancy 1893) p. 173 sq., 463.

intimster Kenntnis der Kultur fliefst, das merkte wiederum einmal das 'Publikum nicht, thränenselig und in gleicher Weise erschüttert von den vorgeführten Abscheulichkeiten wie den fortgesetzten Beteuerungen, dafs alles buchstäblich wahr sei. Blofs um das Gruseln zu lernen, hätte man freilich nicht nach Westindien zu gehen, blofs um für die alle Welt angehende Freiheitssache Propaganda zu machen, nicht Negersklaven vorzuführen brauchen: unter den Augen des deutschen Volkes in Pommern und Rügen spielten sich täglich ähnliche haarsträubende Dinge ab, die König Gustav IV. von Schweden so überwältigten, dafs er die Verfolgung des wackeren Mannes, der sie aufdeckte, E. M. Arndts, einstellen liefs.[1]) Aber kein Dramatiker brachte das Elend der Leibeigenen Deutschlands wirksam auf die Bühne, nur nebenher streift Schiller das Thema, da er sein grofses Revolutionsdrama „Tell" mit der Freierklärung aller Knechte beschliefst. Allerdings verhallte auch ungehört die doktrinäre Forderung eines Adam Müller nach Leibeigenschaft, blieb unverstanden der Gedanke der Hegelschen Staatsphilosophie, Zuständen sich zu unterwerfen, welche durch die Verhältnisse sanktioniert seien, sei Menschenpflicht. Erst der rationalistische Erbe Schillers, Raupach, folgte ohne Rücksicht auf die romantischen Tendenzen seiner Zeit den aufklärerisch-humanitären seines Vorbildes und exemplifizierte in seiner oftgespielten Tragödie „Isidor und Olga oder Die Leibeigenen" an russischen Verhältnissen, wie das Institut der Leibeigenschaft gemeine Naturen zu verbrecherischem Mifsbrauch ihrer Gewalt verleitet, in dem Hörigen selbst die Wurzeln des Geisteslebens, das Selbstgefühl, erstickt und ihn entweder zu Selbstverachtung oder Bosheit und Verzweiflung bringt. —

---

[1]) E. M. Arndt, Erinnerungen aus dem äufseren Leben, hgg. von H. Rösch (Leipzig 1892) S. 82 ff.

Raupach hatte reichlich Gelegenheit gehabt, das alles selbst zu beobachten, auch stand die Frage der Bauernbefreiung gerade, da er nach Rufsland übersiedelte, dank den Bemühungen Rumjanzows und Speranskijs im Vordergrunde der Wünsche und Befürchtungen aller russischer Parteien. Dafs dem Drama im Kern eine wahre Geschichte zu Grunde liegt, wäre danach möglich, wenn es nicht aus lauter beliebten Motiven und mit erprobten Mitteln zusammengesetzt wäre. Zwei Brüder, Wolodimir, der echte Sprofs, und Isidor, Sohn einer Leibeigenen, sind nebeneinander aufgewachsen, zwar verschieden geartet, aber ohne dafs ein Gegensatz anfänglich zwischen ihnen bestünde. Der eine ist berufen, nach des Vaters Tod dessen weite Güter zu übernehmen, während sich der andere in Italien zum Künstler ausgebildet hat. Nur eines hatte der alte Fürst immer aufgeschoben: Isidor auch förmlich freizulassen; dadurch ist er in der Gewalt seines Bruders, an dessen Gesinnung er zunächst nicht zu zweifeln braucht. Aber Wolodimir, auf den die leidenschaftlich-sinnliche Art des Vaters übergegangen ist, hat sich in seine schöne Gutsnachbarin, die Gräfin Olga, verliebt und ist mit der ganzen Heftigkeit seines Temperaments gewillt, sie um jeden Preis zu gewinnen − und hierbei tritt ihm, gleichsam schon im Besitz des heifsbegehrten Gutes, Isidor entgegen. Sein Verhängnis bietet Wolodimir noch einen geschickten Ratgeber, Helfer und Verführer in der Person des Leibeigenen Ossip, eines direkten Nachkommen Jagos, von dem er den Humor hat, von den Intriguanten Lessings und Schillers aber wesentlich dadurch unterschieden, dafs er nach Raupachs Intentionen gewifs nicht als eingefleischter Bösewicht erscheinen sollte. Nur Vergeltung will er üben: für den Leidenskelch, den man ihm zu trinken gegeben, da ihm die Geliebte verweigert und ihr das Herz gebrochen worden, einen vollgemessenen Becher Galle denen einschenken, denen er an Sinnen und Verstand überlegen doch als ein Stück Menschenvieh eigen ist — Vergeltung auch an Isidor, der sein Vetter und ein Bastard am Tische saſs, wenn er, der ehrlich geborene, hinterm Stuhle stehen muſste. In diesem Hause, wo man sein eigenes Glück zertreten hat, soll fürder niemand glücklich werden: darum hintertrieb er schon bei dem alten Fürsten Isidors Freilassung wie jede andere, rät er jetzt Wolodimir, da Isidor nicht verzichten will, seine Herrenrechte über ihn geltend zu machen, und indem er in Olga die Scham über die Stellung ihres Geliebten erregt, sie von ihm abzuziehen: als Leibjäger muſs Isidor bei einem Frühstück, das der Fürst der Gräfin giebt, servieren; und da er, durch das bübisch-ungezogene Benehmen seines Bruders zum äuſsersten gebracht, gegen ihn den Fänger zieht, hat er sein Leben verwirkt. Nur durch das Opfer ihrer Liebe kann ihn Olga retten: gegen Isidors Freibrief tauscht Wolodimir ihre Hand ein. Jetzt erst, am Ziele seiner Wünsche kommt er zur Besinnung, daſs Isidor, seines Namens Laut, sein Schatten, sein Gedächtnis wie ein Fels auf ewig zwischen ihr und ihm lagern werde. Für beide zusammen ist kein Platz mehr zu leben. So nimmt er das Duell, welches Isidor fordert, an: gleichzeitig getroffen, sinken beide zu Tode verwundet. Wie der „Tell" schlieſst auch dieses Stück.

Niemand wird leugnen, daſs es bei aller geschickten Mache roh gezimmert ist, die Charaktere sich gar zu grell und kraſs abheben, die reichlich eingestreute Sentimentalität heute nur ihre Wirkung verfehlt. Wie bei allen Dramen, für welche ihrer Konzeption nach gleich der „Emilia Galotti" die Katastrophe nicht Schluſs-, sondern Ausgangspunkt ist, erscheint es auch hier zweifelhaft, ob gerade diese Handlung den tragischen Ausgang notwendig bedinge, ob

Ossip unter allen Umständen so sein müsse, die Selbstaufopferung Olgas der einzige Ausweg sei, kurz eine Menge Fragen, die es sehr unentschieden lassen, ob alles und jedes auch wirklich wie angestrebt zu dem letzten Ziel hinführt. Lobenswert aber, weil mindestens ehrlich gemeint, ist die Tendenz, obgleich die Tragik des Seins von den Zeitgenossen wiederum nicht verstanden, zumeist geradezu getadelt wurde. Selbst Börne, dem das „liebenswürdige Trauerspiel" sonst ungemein gefiel, fand, „dieser Kampf mit der Rabulisterei tückischer Gesetze sei kein guter Stoff für dramatische Gebilde," und Goethe hätte gar nach einer alten Schauspieleranektode[1]) unmutig zu Raupach geäufsert: „Geben Sie dergleichen auf, Sie werden die Welt nicht ändern." Mehr auf ein ästhetisches Moment geht schon die Bemerkung, welche Grillparzer viel später einmal über das Stück gemacht hat (1850[2]), dafs wohl ein Sklave Träger der Poesie sein könne, ein Leibeigener, ein Bedienter aber nie. Damit mag wohl auch Tieck übereingestimmt haben; denn nur auf alles, was über das Mafs und die Schönheitslinie bei Raupach hinausgeht, kann sich seine scharfe Äufserung[3]) beziehen, dafs das Grausamste in den „Räubern", das Wildeste und völlig Überspannte dennoch Milde, Humanität, Wahrheit und Natur sei, gegen eine „Schuld", „Ahnfrau", „Albaneserin", „Isidor und Olga" gehalten und gemessen. „Wir stehen in diesen Produktionen auf einem so sonderbaren Punkt roher Barbarei, dafs sich in früheren Zeiten kaum etwas Ähnliches, selbst in Paris während der Revolution, auf dem Theater wenigstens nicht, gemeldet

---

[1]) Bei Heinrich Anschütz, Erinnerungen aus dessen Leben und Wirken (Wien 1866) S. 389/390.
[2]) Sämtliche Werke ªXVIII, 117.
[3]) Kritische Schriften IV (Leipzig 1852), S. 144.

hat ... Möchte man nicht fast glauben, diese Spektakel seien für ein Nationaltheater der Caraiben oder von Leibeigenen selbst im wildesten Hafs gegen ihre Herren gedichtet worden?" Doch dem Publikum gefielen sie: auch „Isidor und Olga" ward mit ungewöhnlichem Beifall aufgenommen und behauptete sich in Wien, getragen von dem Spiel eines Anschütz, Löwe, Korn und der Müller, durch 41 Jahre (bis 1. Februar 1868!¹).

Überwiegt bei Raupach die Schillersche Tradition, so steht in Tendenz und Motiven Kotzebue näher Castelli, wenn er ihm auch in technischer Gewandtheit und bühnengemäfser Wirksamkeit nicht entfernt gleichkommt. Seine „Urica, die Negerin" ist, wie schon der Titel erraten läfst, nach dem Roman der Herzogin von Duras gemacht, der die Wiener ebenso entzückt und gerührt hat wie die Pariser und die Leser des Morgenblatts.²) Aber wie unnachahmlich blieben für den Sammler der „Bären" die Feinheiten dieser bewunderungswürdigen Seelenstudie! Hatte die Herzogin auf einem gewaltigen Zeithintergrunde ein eigengeartetes Schicksal abgezeichnet, so war für Castelli die Lage eines Bankerottierers gewaltig genug. Hatte sich die Herzogin alle Mühe gegeben, die Tragik des verhätschelten, aber im Grunde ganz überflüssigen Menschenspielzeuges herauszuarbeiten, so brachte er Urica in die banale Situation einer aus Pietät und Erkenntlichkeit in die Familie aufgenommenen, der Familie aber immer fremd gebliebenen und schliefslich auch fremd gegenüberstehenden Person. Hatte die Herzogin die Un-

---

¹) Mit Krastel, Löwe, Hartmann und Frl. Bognar in den Rollen des Wolodimir, Ossip, Isidor und der Olga.

²) Als die Theaterzeitung 1826 (Nr. 4) einen Auszug aus dem „Eduard" brachte, begleitete sie ihn mit den Worten ein: „Der berühmte Roman Urica hat unter diesem einfachen Titel ein Gegenstück erhalten, das mit nicht geringerem Heifshunger verschlungen werden dürfte."

möglichkeit der Existenz ihrer Heldin auf der ganzen Welt, in ihrem Adoptivvaterland wie in ihrer Heimat, hervorgehoben, so wirbt hier ein schwarzer Kapitän um sie, dessen Hand auszuschlagen reinster Unverstand ist: denn neben und mit ihr wächst eine Nichte des Hauses auf, die dem Ziehbruder naturgemäfs besser gefällt als die schwarze Jugendfreundin. Damit fällt zugleich die ganze psychologische Entwicklung in Urica samt dem tragischen Schimmer, der von dem Moment der Erkenntnis ihrer wahren Existenz bei der Herzogin die Gestalt verklärt. Echt kotzebuesch beruft sie sich, als sie hört, dafs sie nur als ein Gegenstand des Mitleids betrachtet werde, ihre Farbe sie schon sozusagen aufser die Gesellschaft setze, nicht darauf, dafs sie doch die Sitten dieser Gesellschaft angenommen habe, sondern darauf, dafs auch sie ein Herz besitze, was von gar keiner Seite bezweifelt worden war. Um es aber gleichsam noch zu erhärten und die fühllosen Weifsen gründlichst zu beschämen, überläfst sie entsagend den Liebenden ihr Vermögen — ein Rührmotiv, das schon aus dem älteren nachlessingischen bürgerlichen Schauspiel sattsam bekannt ist.

So ist an die Stelle eines ganz individuellen Schicksals und Charakters die kotzebuesche Schablone getreten mit ihrem widrigen Gemengsel aus naiven und sentimentalen Zügen, ihrer Schilderung paradiesischer Naturzustände und verblüffender Genügsamkeit bei erträumten Naturvölkern. Die Unnatur dieses auf dem Theater noch immer wirksamen Apparates von Menschen und Dingen machte selbst den Zunftgenossen des Verfassers eine besonders getreue Kopie des Fazir aus den „Indianern in England", der schwarze Kapitän Tarry, klar. Dafs das Sujet bei dem Stamm, welcher zwei Virtuosen in der Gestaltung von Figuren, die sich in ihrem Gefühlsleben hart auf der Schneide bewegen, hervorgebracht hat —

Grillparzer und Halm —, keinen besseren Bearbeiter gefunden, ist seltsam und bedauerlich: bei Castelli verrät nur der dekorative Schlufseffekt, da tableauartig das Schiff gezeigt wird, welches Urica in die Heimat zurückführt, die Wiener Schule. Aber es ist vielleicht nicht unbedeutsam, dafs der zarten und doch so starken Frauenseele der Herzogin von Duras kongenial nur der junge Heyse fünfundzwanzig Jahre später (1852) in seiner Berliner Frühzeit[1]) den Stoff zu verwerten verstanden hat. Seine Urica stöfst empört den Geliebten, der im Glanze ihre Hingebung verschmäht hat, zurück, da er in Todesgefahr das Grauen vor ihr überwindet. So wider Willen von ihr verraten, endet er durch die Guillotine, die man ihr, als zu gut für eine Mohrin, versagt. Eine wahnsinnige Bettlerin schleppt sie sich auf den Boulevards umher, nur zwei Worte immer murmelnd: „Egalité! Egalité! und Lüge! Lüge!" Erst vier Jahre trennten von dem Moment, da sich die Schlagworte der grofsen Revolution wieder in aller Herzen gesenkt und sich wieder als trügerisch erwiesen hatten.

Gröfsere Begabung, ernsteres Streben und bessere Schulung, als sie Castelli besafs, konnte Zedlitz[2]) dem Problem entgegenbringen, das zu vertiefen er sich redlich bemühte, wie sauer es ihm — in Wirklichkeit einem blofsen Formtalent — auch ward. Gleich Grillparzer vermutlich von Schreyvogel auf eine für ihn freilich verhängnisvolle Bahn gewiesen, auf das Studium der Spanier, hatte er sich, jenem ungleich, nicht ihre Lebhaftigkeit und Leichtigkeit zu produzieren angeeignet, sondern das Technische: die Struktur, die schillernde Rhetorik und die scholastisch-rabulistische

---

[1]) Th. Fontane, Der Tunnel über der Spree. Deutsche Rundschau LXXXVII, 108.

[2]) Vgl. meinen Aufsatz „Der Dichter des Soldatenbüchleins" im Grillparzer-Jahrbuch VIII 33 ff., bes. S. 75/76.

Dialektik immer desselben Begriffs, der Ehre. Nur in dieser Beleuchtung wufste er auch der Sklavenfrage eine neue Seite abzugewinnen. Schon Raupach hatte gelegentlich pathetisch ins Parterre hinausschmettern lassen: „Der Knecht ist ehrlos, Knechtschaft ist Vernichtung"; bei Zedlitz dreht sich das ganze Stück um diesen Ehrenpunkt: Sklaverei — argumentiert er — ist ein Unglück, das der davon Betroffene als eine Schicksalsfügung ertragen mufs; aber trotz seines Elends bleibt der Sklave nach all seinen physischen und psychischen Erlebnissen wenigstens eins noch immer — Mensch, und dies giebt ihm den Anspruch auf Befriedigung des einzigen allgemein menschlichen Bedürfnisses nach Ehre; wenn man ihm auch sie verweigert, ist er, der sich ohnedies schon als vor seiner Geburt verworfen fühlen mufs, noch unter das Tier hinabgedrückt; den Unglücklichen gar mit Spott, Verachtung, Schmach zu überhäufen, fordert aber geradezu die Rache des Mifshandelten als Strafe des Himmels heraus.

Stoff, diese Ideen darzustellen, bot wiederum der unerschöpfliche Kotzebue. In den „Negersklaven" erzählt er als Illustrationsfaktum: „Vor ein paar Jahren liefs einer unserer Nachbarn seinen unschuldigen Sklaven grausam peitschen; dann ging er ruhig hinaus auf seine Pflanzung. Drei kleine Kinder, die er zurückliefs, wurden von dem Gemifshandelten auf das Dach geschleppt. Da safs er racheschnaubend und lauerte auf seines bösen Herrn Zurückkunft. Als der nun gerade vor sich hinsehend vom Felde heimkam, da fiel ihm plötzlich sein jüngster Sohn vor die Füfse. Erschrocken sah er empor — da stürzte der zweite herab. Bebend fiel er auf die Knie und bat um das Leben des dritten — vergebens! auch der dritte und endlich der Sklave selbst lag zerschmettert zu seinen Füfsen." Diese Greuel in ihrer ganzen Krafsheit zu dramatisieren, blieb A. von Seckendorf (Die Sklavenrache. Trauerspiel in 3 Aufzügen. Leipzig 1822) vorbehalten. Mit weiserem Geschmack machte sich Zedlitz in seinem Trauerspiel „Herr und Sklave" von der Anekdote zu nutz, was er gebrauchen konnte. Said, der Wächter, wird morgens schlafend vom Kastellan gefunden. Er entschuldigt sich, die Qual des durchfronten Tages, der durchwachten Nächte habe ihn übermannt. Aber der Kastellan verhöhnt ihn ob der hohen Worte und droht ihm mit dem Stocke. Da bemächtigt sich Said des Dolches seines Peinigers, als der Herr Don Arias hinzutritt. Nichts hilft seine Verteidigung, nur in Notwehr und beleidigt gehandelt zu haben. Weil er sein Vergehen wie eine Ehrensache betrachtet, soll er eine Ehrenstrafe auch erleiden: an einen Hund gekettet, von dem Büttel mit der Peitsche durch das Dorf Gasse auf und nieder getrieben werden. Umsonst ist all sein Flehen, sein Demütigen; da flucht er ihm:

> „Und wie ich um deine Füſse
> Flehend meine Arme wand
> Und du lachtest — also müsse
> Zürnend dich der Himmel strafen,
> Daſs du so vor mir, dem Sklaven,
> Du einst selbst, getränkt von Jammer,
> Liegen magst zu Hohn und Spott!
> Und wie ich kein Mitleid fand,
> Fruchtlos deine Hand erheben!" —

Das Unmenschliche ist geschehen. Rachebrütend kehrt Said zurück. Der Zufall giebt ihm die Familie seines Herrn in die Hand. In einem alten unbewohnten Waldschloſs warten Donna Flora und ihr Kind auf ihren Gebieter, der eben von der Jagd heimkehren muſs. Ein hohes, breites Eisengitter bildet den Eingang in den Vorsaal, in den sich Said schleicht, den Schlüssel abziehend. Erst will er sie, dann sich töten. Ungerührt läſst jetzt ihn ihr Bitten, unnütz ist die Wut des zurückgekehrten Don Arias: durch seinen Kuſs kann er Flora entehren; sie umfassend, ist sie ihm ein Schild vor Arias' Geschossen — und sie alle sollen sterben. Verzeihung sichert ihm Arias zu, Gold bietet er ihm an, seinen ganzen Besitz, ja, auf den Knien, sein eigenes Leben, nur Weib und Kind möge er verschonen. Damit ist Said genug gethan. Er hat vom Himmel die erflehte Gerechtigkeit empfangen. Nun ist's an ihm, seinen Frevel, die Schranken seines Standes vergessen zu haben, zu sühnen. Mit dem Dolche, der Donna Flora zu durchbohren bestimmt war, ersticht er sich, Segen auf den Weichgewordenen herabflehend.

Für die Ausnützung Kotzebues, welche nach dieser Analyse nur in den Hauptzügen jener Erzählung — der Rache des ungerecht bestraften Sklaven an der Familie seines Herrn und dem Gericht, das er hierauf an sich selbst vollzieht — gelegen zu sein scheint, weit beweiskräftiger sind Einzelheiten, die Zedlitz den „Negersklaven", selbst unmittelbar entnommen hat: hierher gehören die Motivierung der Bestrafung mit der Waffe in den Händen des Sklaven, die Schilderung seiner trostlosen Lage: dürftige Kleidung, magere Kost, schwere Arbeit, ein freudenloses Dasein, der innere Schmerz; der Kastellan ist vollständig eine Nachbildung des Meister-Knechts, Arias ebenso hart wie John, Said blickt gleich Zameo auf ein idyllisches Glück zurück in genügsamer Armut und schwärmerischem Naturgenuſs an der Seite von Weib und Kind.

Originell ist die Form des Zweiakters, spanische durchgereimte Trochäen, spanisches Kostume. Ein wenig zu spanisch erscheint uns auch im ersten Augenblick die Gesinnung; Triftiges läſst sich freilich gegen den tragischen Schluſs kaum einwenden, und das Ganze zeugt ebenso sehr für die im Grunde konservative wie humane Denkungsart seines Verfassers. Nur die Wiener Censur, mit der Zedlitz wie alle liberalen Poeten Altwiens in stetem Kampfe lag, scheint wieder Schwierigkeiten gefunden zu haben und ließ das Stück in ihrem unbegreiflichen Ratschluß nicht zur Aufführung zu; 1829 wurde es bei fremden Bühnen eingereicht, wohl auch gespielt[1]), 1831 zum ersten Mal in der „Aglaja" mit unwesentlichen Abweichungen von dem Text letzter Hand gedruckt. Überall machte das Dramolet einen durchaus günstigen Eindruck.

Aber alle diese und andere mehr oder minder ephemeren Litteraturprodukte, welche die Sklavenfrage belletristisch diskutierten oder sich ihrer nur als eines wirksamen Motivs bedienten,[2]) überstrahlt gleich Goethes Parialegende die grandiose Novelle Tiecks „Tod des Dichters" (1833) — ein Gegenstück zu seinen prächtigen Shakespeareerzählungen „Dichterleben."

Schon in einem seiner ersten Aufsätze, „Beiträge zur Kenntnis der romanischen Dichtkunst" (1798), hatte F. Schlegel hingewiesen, daß unter allen Heldengedichten der alten und der neuen Zeit keines in dem Grade national ist wie die Lusiaden; sein Bruder Wilhelm band dann in seine „Blumensträuße" (1804) die prächtige Episode aus dem 6. Gesang: „Die Geschichte der Zwölf von England";

---

[1]) Löwe schuf sich aus dem Said eine Glanzrolle, auf die er gastierte. („Sammler" 1830, Nr. 109.)

[2]) Ich habe mir noch notiert: 1802 Heinr. Zschokke, Alamontade, der Galeerensklave; 1817 J. A. K. Hildebrandt, Der Negersklave (ein Roman); 1824 O. H. von Loeben, Der Sklavenring (in den „Erzählungen" II, 157); Die beiden Galeerensklaven oder die Mühle von St. Alderon (ein Schauspiel aus dem Französischen, am Theater an der Wien am 11. September 1824 nach Castellis, in Berlin am 22. September 1823 nach Hells Bearbeitung aufgeführt); 1832 Laurids Kruse, Herr und Diener; 1833 ders., Frau und Magd (Erzählungen); Leopold Schefer, Der Sklavenhändler (im „Lavabecher"); 1834 E. von Bülow, Der Sklave seines Sklaven (im „Novellenbuch"); 1836 K. von Wachsmann, Die Empörung der Sklaven (in den „Erzählungen und Novellen"); 1839 K. Spindler, Der Sklave Cäsar und seine Familie (im „Vergißmeinnicht"); 1845 G. Ad. von Heeringen, Die Leibeigenen (in den „Gesammelten Novellen").

drei Jahre später brachte der geschäftige Th. Hell im Verein mit Fr. Kuhn eine „Lusiade (!) in 10 Gesängen" auf den Markt,[1]) der Joh. Frdr. Kinds Novelle „Camoens und sein Neger" (in der Roswitha III, 1814) unmittelbar folgte. Jetzt waren in Donners Stanzen (1827/33) die Lusiaden der deutschen Litteratur zu eigen gemacht, und gleichsam die dazu gehörige Biographie ihres Sängers in kunstvollster Komposition, die Sicherung seiner Stellung unter den Epikern aller Zeiten und der romanischen Völker im besonderen nach den Ausführungen Schlegels bot hier Tieck mit feinstem Geschmack und weitester Perspektive. Nicht mit einer einzelnen Anekdote begnügt er sich, sondern von einem Zeitpunkt aus, da der Dichter, schon als ein Gestorbener betrauert, von den Bettelgroschen seines dankbaren Dieners erhalten, in leidenschaftsloser Abgeklärtheit eine Art zweiten Lebens führt; dem lang Verkannten endlich die allgemeine Anerkennung bei seinem Volk und den Schwesternationen zu teil wird; der beste Sohn des Vaterlands an dessen Untergang zu Grunde geht, aber sterbend zur Jugendgeliebten, der Enkelin heimfindet, in Gegenwart der edelsten Menschen beruhigt und beseligt einschläft, während die Hoffnungen der Patrioten an seinem Patriotismus, der durch keine Zurücksetzung ertötet werden konnte, sich flammend entzünden – von diesem Moment aus rückblickend läfst er Camoens' ganzes abenteuerreiches Leben an uns vorüberziehen. Nur wenig brauchte er erfindend dazuthun, umsomehr konnte er vertiefend gestalten, und so gelang es ihm, das Hauptgebrechen der Künstlergeschichten zu vermeiden, „dafs nicht

---

¹) Hievon zwei bei Goedeke a. a. O. ¹ III, 611 nicht aufgeführte Wiener Nachdrucke: „Die Lusiade des Camoens. Aus dem Portugiesischen in deutsche Ottavereime (!) übersetzt." Wien, bei Anton Pichler 1816. Dasselbe. Wien 1823. Gedruckt und verlegt bei Chr. F. Schade (Klassische Kabinettsbibliothek, Bd. 145, 146).

mehr die allgemeine Menschennatur, sondern der spezielle Anteil an irgend einem Künstler oder Kunstwerk den Gehalt, das Interesse hergiebt" (Grillparzer); so ist er dem seltsamen Verhältnis näher getreten, das historisch zwischen Camoens und seinem javanesischen Sklaven Antonio herrschte. Der stolze, ritterliche Portugiese läfst seinen Diener für sich betteln: dafs dieser Fall kein seltener war, wird nur leicht gestreift; vielmehr verdankt Antonio Camoens ein Leben, das unter barbarischer Behandlung sonst schon längst verloschen wäre; hat Luiz seinetwegen Gefahr und Verfolgung überstanden; wie eine göttliche Erscheinung in Milde und Wohlthun ist immer ihm sein Herr entgegengetreten, und nichts als schuldige Dankbarkeit ist's, wenn er mit wenigem so vieles zu vergelten sucht, den vor dem Verschmachten, der ihn gerettet, den vor dem Verhungern, der ihn gespeist hat, bewahrt. Ebensowenig ist für Camoens Antonio blofser Ernährer. Wie eines gequälten Tieres hatte er sich damals des mifshandelten Negers erbarmt, den er doch kaum als Menschen betrachtete; doch siehe! während die Menschen ihn ins Elend hetzten, seine Beschützer ihm ihre Gunst entzogen, seine Freunde ihn verliefsen, seine Verwandten ihn verleugneten, erwies in rührender Treue höchste Menschlichkeit dieser Sklave und ward ihm Ersatz für alles, was er verloren hatte: in einer Person sein Freund, Beschützer, Bruder.

Der Gegensatz der Rassen mufs verschwinden, sobald er auf rein menschliche und ethische Verhältnisse bezogen wird: das ist die Verklärung der Tragik des Seins, die frohe Emanzipationsbotschaft, die aus der Tieckschen Erzählung entgegentönt.

Wir sind damit an die Schwelle einer neuen Zeit gekommen. Schon war der politische Blick durch die Julirevolution auf die Schwären und Pestbeulen am eigenen Körper zurückgelenkt worden, und all die Emanzipationsfragen, welche durch die philosophische Aufklärung, die klassische Humanität, den romantischen Nationalismus aufgeworfen worden waren — im Grunde genommen lauter Emanzipationsfragen des Geistes — traten zurück gegen das neue Emanzipationsevangelium der Schüler St-Simons, gegenüber dem Verlangen nach Emanzipation des Fleisches. In diesem Zeichen steht das junge Deutschland, die politische Tendenzpoesie, das ganze Litteratentum, das da einstimmte in Herweghs Ruf: „Die Zeit der Harmlosigkeit ist für den Poeten vorüber!" Ein Jahr später (1844) erschien Hebbels „Maria Magdalena" mit ihrem berühmten programmatischen Vorwort, das der Gattung wiederum den Weg wies, bei aller Unauflöslichkeit der Konflikte das Einzelgeschick zum allgemeinmenschlichen zu erheben, Gang und Resultat des Kampfes mit Notwendigkeit zu erreichen. Das Ziel des modernen Dramas dürfte sich hievon nicht wesentlich unterscheiden. Gleich geblieben sind sich auch die Motive: die Kasuistik der sittlichen Mächte Familie, Ehre, Moral. Und solange dieser Stoff bleibt, solange die Frage nach Rasse, Kaste, Farbe und der einer jeden von ihnen zugemessenen Ehre ungelöst immer wieder erhoben werden kann, kehrt auch immer wieder der malheur d'être als tragische Form zurück. Beers Paria, Gutzkows Uriel Acosta, Mosenthals Deborah bis herunter zu den modernen Judenstücken der Hirschfeld und Herzl widerhallen von ihm, und von den sentimentalen Negerstücken Kotzebuescher Schule erweitert sich die Perspektive zu der Desdemonadebatte in Auerbachs „Landhaus am Rhein", zu Voſs, Sudermann und Ibsen.

Register.

Aïssé Ch. 24, 26.
Anschütz H. 64.
Arndt E. M. 60.
Auerbach B. 74.
d'Aydie 24.

Ballanche P. S. 2.
Barante P. 26, 38.
Bardoux A. 9.
Baumgart H. 55, 57.
Beauvau, Herzogin v. 15 f., 17, 19, 20, 25.
Beer M. 40, 42 f., 58, 73.
Béranger P. J. 51.
Bernardin de St-Pierre J. H. 24, 47 f., 59.
Biedenfeld F. L. K. 53, 58.
Blum K. 50.
Bognar F. 64.
Bonald L. G. A. 2, 4.
Börne L. 44, 63.
Boufflers S. 15.
Brandes G. 1.
Burdach K. 54.
Bülow E. 70.
Bürger G. A. 59.
Byron G. N. G. 22.

Calderon P. 5.
Caraffa 58.
Castelli J. F. 39, 58, 64 f., 70.
Chamisso A. 8.
Chateaubriand F. R. A. 2, 4, 8, 9, 13 f., 21, 22, 23, 24, 29, 34, 35, 36, 38.
Constant B. 31.
Cumberland R. 44, 45.
Custine A. 38.

Delatouche 38.
Delavigne C. 40, 42, 51 f., 58.
Delécluse E. J. 39.
Donner J. L Ch. 71.
Duras A. 9, 11, 12.
Duras C. 4, 5, 9 f., 42, 64, 66.
Duras, Herzogin v. 25.
Duras Marschall v. 35.

Eckermann J. P. 51, 55, 56.

Fontanes L. 2.
Forster G. 49.
Friedrich II. d. Gr. 2.
Frommann C. F. E. 55.

Gérard F. P. 38.

Register.

Gleim J. W. L. 1.
Goethe J. W. 1, 2, 3, 41, 42, 50, 51, 52, 53 f., 63, 70.
Goethe Ottilie 55.
Grillparzer F. 50, 63, 66, 72.
Gustav IV. 60.
Gutzkow K. F. 73.

Haberlandt M. 56.
Halm F. 66.
Hartmann E. 64.
Hebbel F. 73.
Heeringen O. 70.
Hegel G. F. W. 60.
Heine H. 39, 41, 45 f., 47.
Hell Th. 70, 71.
Herder J. G. 1, 2, 54.
Herwegh G. 73.
Herzl Th. 74.
Heyse P. 66.
Hildebrandt J. A. K. 70.
Hirschfeld G. 74.
Holst L. 44.
Holtei K. 51.
Homer 39.
Hugo V. 39.

Ibsen H. 74.
Iffland A. W. 45, 49.
Immermann K. 42, 50.

Kant J. 1.
Karl, Hzg. v. Berry 12.
Karl X. 12.
Kersaint O. 10, 12.
Kind J. F. 71.
Klopstock J. G. 1, 59.
Korn M. 64.
Kotzebue A. F. F. 49 f., 59, 64, 65, 67 f., 74.
Krastel F. 64.
Krüdener J. 38.
Kruse L. 70.
Kuhn F. 71.

Lafontaine J. 3.
Lamennais H. F. R. 5.

Lanson G. 51.
Lessing G. E. 45, 61, 62.
Loeben O. H. 70.
Löper G. 57.
Löwe L. 50, 64, 70.
Ludwig XVI. 10, 13, 18.
Ludwig XVIII. 12, 13, 20.

Mably G. B. 10.
Maistre J. 2, 4, 6.
Maistre X. 6 f., 25, 41.
Marat J. P. 10.
Mertens K. A. 43, 44.
Milton J. 37.
Minor J. 1.
Montesquieu Ch. 34.
Moritz K. Ph. 50.
Mosel J. F. 53, 58.
Mosenthal S. H. 73.
Moser M. 45.
Müller Adam 60.
Müller Friedrich (Kanzler) 55.
Müller Sophie 51, 64.
Müllner A. 63.

Napoleon I. 1, 11, 12, 13, 52.
Nees v. Esenbeck 45.
Noailles-Mouchy, Marschall v. 35/36.

Pasquin A. C. 38.
Patru 34.
Philipp II., Herzog v. Orléans 21.
Prévost A. F. 24.

Rabener G. W. 58.
Raupach E. 40, 58, 60 f., 67.
Récamier J. F. 14.
Riemer F. W. 55.
Robert L. 39, 41.
Rousseau J. J. 2, 3, 10, 47, 48, 58, 59.
Rühs 43.
Rumjanzow S. 61.

Saint-Simon C. H. 73.
Sainte-Beuve Ch. A. 1, 9, 24.
Saintine 39.
Sand G. 39.

Register.

Schefer L. 70.
Scherer W. 1.
Schiller F. 1, 42, 54, 60, 61, 62, 63, 64.
Schlegel A. W. 1, 51, 71.
Schlegel F. 1, 71.
Schreyvogel J. 66.
Seckendorf A. 68.
Senancour E. P. 1.
Shakespeare W. 39, 61, 70.
Sondershausen K. 50.
Sonnerat 54, 55.
Speranskij 61.
Spindler K. 70.
Staël A. L. G. 30, 32, 35, 38.
Stein Ch. 54.
Stöber E. 39.
Sudermann H. 71.

Talmont, Fürstin v. 36.
Thomas a Kempis 8.
Tieck L. 63, 70 f.
La Tour du Pin, Frau v. 10, 13, 34/5.
d'Urfé H. 34, 36.
Valery s. Pasquin.
Vergniaud*) P. V. 10.
Villemain A. F. 24.
Voltaire 2, 3, 59.
Voſs J. H. 59.
Voſs R. 71.
Wachsmann K. 70.
Willemer M. 54.
Zedlitz J. Ch. 66 f.
Zola E. 39.
Zschokke H. 70.

---

*) So ist der Name S. 10, Z. 8 v. o. zu lesen.

Druck von Hugo Wilisch in Chemnitz.